# 国际中文教育理论与实践探索

常丽莹　著

中国民族文化出版社

北　京

图书在版编目（CIP）数据

国际中文教育理论与实践探索／常丽莹著. -- 北京：
中国民族文化出版社有限公司,2023. 11

ISBN 978-7-5122-1821-5

Ⅰ. ①国… Ⅱ. ①常… Ⅲ. ①汉语－对外汉语教学－
教学研究 Ⅳ. ①H195.3

中国国家版本馆 CIP 数据核字（2023）第 216325 号

国际中文教育理论与实践探索

GUOJI ZHONGWEN JIAOYU LILUN YU SHIJIAN TANSUO

| | |
|---|---|
| 作　　者 | 常丽莹 |
| 责任编辑 | 张　宇 |
| 责任校对 | 李文学 |
| 出版发行 | 中国民族文化出版社有限公司 |
| 地　　址 | 北京市东城区和平里北街 14 号 |
| 邮　　编 | 100013 |
| 联系电话 | 010-84250639 64211754( 传真 ) |
| 印　　装 | 三河市嵩川印刷有限公司 |
| 版　　次 | 2023 年 11 月第 1 版 |
| 印　　次 | 2025 年 1 月第 1 次印刷 |
| 开　　本 | 710 mm×1000 mm　1/16 |
| 印　　张 | 12 |
| 字　　数 | 200 千字 |
| 书　　号 | ISBN 978-7-5122-1821-5 |
| 定　　价 | 68. 00 元 |

# 目　录

# 第一章　国际中文教育概述

## 第一节　国际中文教育的概念

### 一、汉语国际教育的定义

汉语国际教育是在对外汉语教学和汉语国际推广的基础之上的新的提法。它指的是面向母语非汉语者的汉语教学。它不仅是一种语言教学，更是一种文化教学和文化传播。因为从事汉语国际教育的工作者不仅仅停留在校园内进行有计划的、系统的课堂汉语教学，还会走出校园、走进社区，走进凡是需要学习汉语、了解中国文化的任何地方。所以，它既有别于国内的对外汉语，又不同于简单的汉语国际推广。在经济全球化、文化多元化的当今时代，汉语国际教育更需加快汉语及汉文化走向世界的步伐。

### 二、国际中文教育阐释

（一）狭义化国际中文教育弊端明显

1. 从字义角度看

从字面上看，"国际"指的是中文教育面向的空间范围，包括中国在内的世界各国，是中国国家通用语言文字汉语、普通话、华语等概念的对外统称。在我们看来，"国际中文教育"这一概念的提出，体现了国家对国内对外汉语教学、国际上的汉语作为第二语言教学和海外华文教育进行资源共享、互补合作的理念，对于充分整合中文教育资源、发挥各种力量的长处具有重要的意义。但现在学界出现了一种倾向，甚至正在形成一种趋势，即把"国际中文教育"等同于传统上说的"对外汉语教学"或后来的"汉语国际教育"，这显然降低了国际中文教育事业的定位，对于实现国际中文教育事业的宏伟目标和高效率、高质量精准对标发展是不利的。充分考虑教学对象的差异对于学界所谓的"合并""合流"的议论，也是需要谨慎对待的，不能单纯、机械地谈。

2. 从教学类型看

从教学类型看，国际中文教育主要有三大类：国内的"对外汉语教学"，其特点是目标语环境的、成建制的第二语言教学，对象多为成人；海外的"国际中文教学"，是处于非目标语环境的、多样化的中文作为外语的教学，教学对象覆盖多个年龄段、多个层次；海外的"华文教育"，其对象主要是华人社会中学龄和学龄前的华裔子弟。海内外华人与非华人"异"大于"同"，在教学过程中，其学习特点、动机、语言背景、社会文化心理、语言学习需求等因素均需分类考量，华人社会内部也很难笼统地用某个单一模式概括。再者，在国内对外汉语教学和海外国际中文教学过程中，中文具有明显的工具导向性，以交际为先。而对于华文教育中的华裔子弟，华语作为祖语，有时其象征意义大于实际应用意义，认同功能是首位的。此外，将华文教育与汉语作为外语教学等同起来，很可能伤害华人的华语传承积极性。华语在海外的传承历经百年，打破了西方第三代语言转用论，靠的是历代华人艰苦卓绝的斗争和奉献精神，广大华人对中华语言文化认同的强烈追求，不可能也不应该简单与非华裔群体归为同类。

（二）区分"国际中文传播"与"海外华语传承"

国际中文教育宏观上分为两个重要方面，即国际中文传播和海外华语传承。前者是横向的群外传播，后者是纵向的代际传承，二者联系紧密，相辅相成，构成了国际中文教育事业的一体两翼。中文传播可以依托各华人社区华语传承形成的基础，进一步扩大中文的使用范围和人数，而中文横向传播的成果也将为海外华人的祖语传承带去新的动力。国际中文教育学科建设开始于 20 世纪 80 年代，至今已有 40 余年的历史。这个学科的名称也由最初的"对外汉语（教学）"演变为"汉语国际教育"，之后又演变成今天的"国际中文教育"。但在本科专业目录与研究生专业目录中，三个名称出现的时间不尽一致。普通高等学校学科专业目录由教育部不定期修订和发布，是高等教育工作的基本指导性文件之一，也是教育部管理高校学科专业发展的有效手段。通过深入考察教育部在不同时期颁布的本科和硕士、博士研究生学科专业目录，可以对国际中文教育学科名称的变化进行溯源和研究。

（三）学科确立及本科专业目录中的名称演变

国际中文教育最初的名称是"对外汉语"。它是指对外国人的汉语教学，区别于"对内汉语"（即母语）教学。这门学科从理论研究到实践探索，主要基于对来华留学生的教学。如前所述，我国对外汉语教学实践开始较早，但"对外汉语"这个学科名称得到官方的确认却较晚。1978 年 3 月，中国社会科学院召开北京地区的语言学科规划座谈会，与会专家结合西方发达国家第二语言教学学科特点，研讨我国对外汉语教学理论研究和教学实践的发展状况，提出了"对外汉语教学是一门学科"的观点，从此正式启动了对外汉语教学作为一个专门学科的建设工程。从 1983 年起，北京语言学院（现为北京语言大学）经教育部批准开始设置对外汉语教学专业，以培养对外汉语教师为主要目标。不久，北京外国语学院（现为北京外国语大学）、上海外国语学院（现为上海外国语大学）和华东师范大学也相继设立了对外汉语教学专业。那时，上述高校设立的对外汉语教学专业是二级学科（专业类）下面的自设专业。1988 年，国家教委批准在中国语言文学类之下设立对外汉语专业，对外汉语本科专业正式确立，当时专业后面备注的是"试办"。

随着以孔子学院为主要代表的"走出去"的中文推广项目的增加，以往在中国语境下的"对外汉语"这个名称的局限性越来越大，尤其是"外"字的指称对象会因使用语境不同而出现分歧。因此，学界适时地推出了"汉语国际教育"这个名称。教育部于 2012 年批准把"对外汉语""中国语言文化"和"中国学"三个专业合并，设立本科专业汉语国际教育，该名称一直使用至今。需要说明的是，"国际中文教育"这个名称尚未出现在本科专业目录之中，预计未来本科专业目录修订确定。

（四）研究生学科专业目录里的学科名称演变

1. 对外汉语教学

从 1986 年起，北京大学和北京语言学院等高校开始了对外汉语教学方向硕士研究生的培养工作。在 1997 年之前，对外汉语教学一般设置在文学门类中国语言文学类的二级学科汉语文字学、现代汉语之下，或者外国语言文学类的英语、英语语言文学二级学科之下。在 1997 年教育部颁布的《授予博士、硕士学位和培养研究生的学科、专业目录》中，现代汉语、汉语史和汉语文字学合并成为一级学科，中国语言文学之下的二级学科汉语言文字学、语言学变成了二级学科语言学及应用语言学。自此开始，一些高校开始在这两个二级学科下面设立对外汉语教学专业方向，培养学术型硕士研究生。也就是说，直到此时，对外汉语教学这个名称并没有在研究生学科专业目录里出现过。

2. 汉语国际教育

随着海外学习汉语人数的不断增加，对外汉语教学学术型硕士研究生的培养已经不能满足国外对中文教育专业教师的需求，急需改革和完善其人才培养体系，以培养更多合格的、能够满足汉语国际推广需要的中文教师。我国从 1991 年起开始效法西方设置专业学位。2006 年 10 月，国务院学位委员会召开有关设立汉语国际教育硕士专业学位的论证会，把设立汉语国际教育硕士专业学位列入议事日程。国务院学位委员会于 2007 年 1 月召开第 23 次会议，通过了设置汉语国际教育硕士专业学位的决议。《汉语国际教育硕士专业学位设置方案》于 2007 年 3 月底出台。2007 年 5 月底，国务院学位委员会办公室下达《关于开展汉语国际教育硕士专业学位教育试点工作和推荐全国汉语国际教育硕士专业学位教育指导委员会委员人选的通知》，决定在我国设置汉语国际教育硕士专业学位，并批准了北京大学等 24 所高校试点汉语国际教育专业硕士研究生培养工作。2009 年 6 月，汉语国际教育专业学位试点学校又增加了 39 所。经过三年的试点，"汉语国际教育"的名称出现在了教育部 2011 年的《专业学位授予和人才培养目录》中。不过与本科专业目录不同的是，它不是设在文学门类之下，而是采用了教育学门类下一级学科相同的"04"开头的编码，专业代码为 0453，这表明它是教育学门类之下的一个具有一级学科地位的专业类别。2018 年 5 月，教育部在教育博士专业学位学校课程与教学领域下增设汉语国际教育专业博士方向。首批获得汉语国际教育博士研究生招生资格的学校有北京大学、东北师范大学、华东师范大学、华中师范大学、南京师范大学、陕西师范大学、天津师范大学 7 所高校。2019 年，汉语国际教育专业博士方向升格为领域，招生院校扩展到了 21 所。

3. 国际中文教育

国际中文教育面临的挑战与应对之策，这个术语在正式场合的使用始于 2019 年孔子学院总部召开的国际中文教育大会。首先，大会的名称就是"国际中文教育"；其次，时任副总理孙春兰的主旨报告和时任教育部部长陈宝生、副部长田学军等领导的发言报告中均使用"国际中文教育"表述。从此以后，国际中文教育的使用日益增多，逐渐获得了学界和大众的共识。国务院学位委员会、教育部 2022 年 9 月 14 日公布的《研究生教育学科专业目录（2022 年）》正式将该专业名称确定为"国际中文教育"，正式将其列入教育学门类，学科代码仍为 0453，可授予博士和硕士学位。这意味着国际中文教育高端人才培养和学科建设迎来重大发展机遇。

（五）国际中文教育内涵

以国际学生（含来华留学生、外国大学中文系学生）为教育对象，以中国的语言与文学为教学与研究内容，让学生通过中国语言文字与中国文学文化的学习，获得良好的中国语言的口语与书面表达能力、古典文献的阅读与检索能力、中国文学的鉴赏与批评能力，以及广泛的中华文化修养，初步具备深入研究中国学术的能力。

# 第二节　国际中文教育中的文化定位

国际中文教育的重新定位使得它既不同于以往的对外汉语教学，也非粗泛而表象的语言文化推广。故汉语国际教育中的文化内容也应有新的定位。尽管对外汉语教学中的文化因素一直存在着争议，但比较认同的是与语言教学和语言交际密切相关的那部分文化，其定位对担负着传播中华文化任务的汉语国际教育，显得狭隘了一些。

什么是"文化"？

英国人类学家爱德华·泰勒（E. B. Tylor）认为："文化是一种复杂体，它包括知识、信仰、艺术、道德、法律、习俗，以及人们作为社会成员而获得的能力和习惯。"

当代美国人类学家艾尔弗克·罗伯认为："文化包括各种外显的和内隐的行为模式，其核心是传统观念，尤其是价值观念。"《辞海》的解释：文化是指社会历史实践过程中所创造的物质和精神财富的总和。我国国学大师季羡林认为："文化是非常广泛的，就是精神方面、物质方面、对人们有好处的，就是文化。"从以上中外对文化的阐释可见，文化是复杂而广泛的，包括物质文化和精神文化，其核心是价值观念。凡是民族的、有吸引力的，为异国学习者所需的一切文化内容皆为汉语国际教育的教学内容。因为，汉语国际教育的对象已经不仅仅局限为象牙塔里的留学生，还包括从事与汉语有接触的各行各业的外国人士，甚至是与汉语毫无接触、仅仅是对东方文明古国怀有好奇心的人们。

# 第二章　中文教育发展历史

## 第一节　中文教育发展历史概述

### 一、汉语言"走出去"

伴随我国综合国力和国际地位的不断提升，汉语国际教育在世界范围内得到了巨大发展，汉语的语言经济学价值也在持续走高。作为第二语言或外语的海外需求也在不断增大。在此国际发展形势下，我国调整了汉语国际教育发展战略方向，彻底改变将外国人"请进来"的简单化汉语推广模式，积极推行"走出去"的国际化发展策略，不断扩大汉语国际教育的培养数量和规模，积极适应满足全新世界发展格局的实际需求。中国采取"积极外交"政策，"一带一路"倡议也应运而生。"一带一路"不仅是历史复兴之路，也是中国国际化发展的大战略。"一带一路"除了成为亚欧大陆在经济、政治、文化等方面互联互通的道路，也为汉语国际传播带来全新的机遇。

截至 2021 年 1 月，我国已签署共建"一带一路"合作文件 205 份，涉及沿线 171 个国家和国际组织。"一带一路"部分关联国（东亚、东南亚地区）传统上受中国儒家文化影响，在文字系统的创制上借鉴过汉字，或在历史上较长一段时间内使用过汉字，并且精英阶层广泛学习过中国传统文化，因此具备汉语扩散的较多历史拉力因素。

各高校开设了汉语国际教育专业，以"一带一路"政策为导向培养基于国际传播的汉语教学人才。湖南地处中部地区，拥有较强的教育资源，众多高校开设了汉语国际教育专业。近几年，湖南女子学院紧随着"一带一路"倡议，积极了解"一带一路"沿岸国家和地区，以东南亚为重点服务目标。专业培养德、智、体、美、劳全面发展，理想信念坚定、家国情怀深厚、理论基础扎实、实践能力突出，具有"四自"精神、创新意识的高素质应用型人才。专业以立德树人为根本，对接国家"一带一路"建设、湖南经济社会发展和汉语国际教育发展需求，依据教师教育职业标准要求，培养学生具备较扎实汉语言文化及汉语作为第二语言教学的专业知识和较强的汉语国际教育教学能力。毕业生能在国内外相关教育机构胜任汉语、双语教学及初步研究工作，或从事汉语言文化传播交流与教育管理工作。依据教学目标，不断调整人才培养方案，合理设置教学课程。

学生主要学习掌握汉语言文字、文学、文化和跨文化交际的基本理论和基本知识，接受汉语中文教育、教学及研究的基本训练，具有良好的人文素养和教师职业素养，掌握从事本专业的基本教学能力和初步的科研能力。毕业生应达到师德养成、教育情怀、学科素养、教学能力、班级指导、综合育人、学会反思、沟通合作 8 个方面的要求。学生本科阶段的教学，不能仅仅局限于理论知识的教授，更要注重对学生实践能力和创新能力的综合培养。现阶段汉语国际教育专业人才培养方案包括理论教学体系和实践教学体系两个大部分，其中汉语国际教育专业理论教学体系中的实践环节学分为 31.68 学分，集中实践学分为 26.5 学分，占比为 38.86%，专业培养重视实践教学，实践教学在汉语国际教育专业中占有较大比重。

### 二、国际中文教育的诞生

语言是沟通交流的桥梁纽带，随着世界各国相互联系日益加深，中国更加深度融入世界，各国学习中文的需求越发旺盛。2019 年 12 月，国际中文教育大会召开。2020 年 6 月，中国国际中文教育基金会宣告成立，国际中文教育事业发展不断向前推进。

当前，"国际中文教育"还是一个比较新的名词，对其尚未有清晰的界定和描述。这一词既可用来指称国际中文教育事业，也指称学科，以保持事业和学科名称的统一性。国际中文教育的名称由汉语国际教育及更早的对外汉语教学演变而来。要界定和描述国际中文教育，首先要厘清对外汉语教学和汉语国际教育的基本内涵。第二语言或外语教学一般涉及教师、学习者、语言、教学环境等要素，即谁教、教谁、教什么和在哪儿教，从四个维度，分析这两个名称的基本内涵。

学界对"对外汉语教学"和"汉语国际教育"的内涵一直有着不同的看法，各有其理。结合已有观点梳理二者的内涵，可以发现对外汉语教学的名称产生于 20 世纪，指针对来华外国人把汉语作为第二语言或外语的教学，其教学者一般为中国人，教的对象是外国人，主要是来华留学生。教的内容是作为第二语言或外语的汉语，教的地方一般指中国国内。

　　"汉语国际教育"的名称产生于 21 世纪初，主要指在海外为母语非汉语者开展的汉语教学。其教学者可包括母语为汉语的中国人、华侨华人及外国人，教的内容是作为第二语言或外语的汉语；教的对象是母语非汉语者，教的地方一般是指海外。

　　此外，我们还有面向海外华人华侨，以华文传承为目标的"华文教育"。这种教育与"对外汉语教学"和"汉语国际教育"在教学环境、教学对象等方面存在差别，加之国内行政主管部门不一样，一直处于相对独立的状态。学科的发展首先需要做好顶层设计，需要把三者包含进来，形成"三位一体"的有机整体。而"国际中文教育"的出现恰好可以弥补这一缺憾。作为一个新名称，"国际中文教育"的内涵尚没有被清晰界定。国际中文教育的教学者可以是中国人、华侨华人及外国人，教学对象是母语非汉语的外国人，也可是母语或第一语言非汉语的华侨华人及其后裔；所教的内容是作为第二语言、外语或者其他语言的汉语；教学地点在国内、海外或者是虚拟空间。

　　2020 年以来，国际中文教育"危"中存"机"，线上教学得到极大拓展，"在哪儿教"变成了虚拟空间，国内、国外教学环境的差别不复存在。在技术赋能下，"在哪儿教"已然不再是汉语教学内涵的重要因素，而只是教师和学习者的一个选项。从"对外汉语教学"到"汉语国际教育"再到"国际中文教育"，关键点即"教什么"没有发生变化，本质都是"汉语教学"，因此三者的内涵并未发生根本变化。但"谁教""教谁""在哪儿教"有所变化，总体上呈现范围扩大的特点。

　　总之，"国际中文教育"是一个包容性很强的概念，涉及全球范围的各类汉语教学，既可包括国内面向留学生的对外汉语教学，又可包括国外面向当地居民的汉语教学及面向华侨华人的华文教育，既涉及学历教育，又涉及非学历教育。"对外汉语教学""汉语国际教育"及"海外华文教育"三者可放置于国际中文教育框架下，既保持相对独立的定位和特点，又协同、融合发展，共同形成更加开放、包容、规范的"国际中文教育"交叉学科理念和新发展格局。国际中文教育关涉国家的语言治理能力和中文的国际影响力，意义重大。不久前发布的《中华人民共和国国民经济和社会发展第十四个五年规划和2035年远景目标纲要》明确提出，要提升中华文化影响力。而加强国际中文教育是提升中华文化影响力的基本路径。新形势下，国际中文教育需要全面看待从对外汉语教学到国际中文教育的发展历程，用系统观念引领国际中文教育生态良性发展，用发展的眼光、包容的理念和融合的路径促进国际中文教育兼容并蓄。

2019年12月，国际中文教育大会召开。2020年6月，中国国际中文教育基金会宣告成立，国际中文教育事业发展不断向前推进。3月底，经国家语委语言文字规范标准审定委员会审定，《国际中文教育中文水平等级标准》由教育部、国家语言文字工作委员会发布。

国际中文教育作为一项事业和一个新兴学科，从对外汉语教学时期到汉语国际教育时期，再到国际中文教育时期经历了几十年的发展历程，现在进入了一个重大的历史转折点，到了对事业的发展和学科的发展进行反思和总结的时候了。新时代我们遇到很多新的挑战、新的问题，也面临新的机遇，一些学者开始思考如何应对挑战、抓住机遇，寻找我们事业发展的增长点和推动力。崔永华提出了后疫情时代我们应该研究的新课题。"穷则变，变则通，通则久"，赵杨认为，2019年国际中文教育大会是这个转折的标志，但是他也指出国际中文教育的学科目标并没有变，变化只是在工具层面上，这种"变"与"不变"之间形成了一种张力。李泉建议把 2020 年当作国际中文教育转型的元年。李宝贵和刘家宁认为"国际中文教育正处在转型升级、动能转换的关键时期"，应该防范风险、推动本土化、特色化和智慧化发展。郭晶和吴应辉认为"国际政治风险是语言国际传播中的最大风险，但国际政治也能给语言传播带来重大机遇"。

无论从事业的角度还是从学科的角度来看，国际中文教育都需要有自己的定力。任凭世界风云变幻，我们的一些基本建设和基础研究是不会变的。

# 第二节　国际中文教育发展特点

随着全球化的发展和中国崛起的影响力，越来越多的人对中文学习产生了兴趣。近年来，国际中文教育得到了前所未有的发展，成为中国文化在国际上的重要传播方式之一。目前，全球中文学习人数已经超过 1 亿人，覆盖了 200 多个国家和地区，其中不仅包括传统的汉语学习者，也包括了越来越多的商务人士、旅游者和文化爱好者。

## 一、多元化

国际中文教育形式多样，包括汉语教学、文化体验、交流访问等多种形式。除了传统的中文培训机构外，许多高校和教育机构也开始开设中文专业或者中文研修课程，为国际学生提供更好的中文学习体验。

## 二、资源共享

中国政府加强了对外汉语教育的支持力度，推出了一系列的对外汉语教材和培训资源。与此同时，国际教育机构也积极开展中文教育合作，共享中文教学资源，提高中文教育的质量和效果。

## 三、创新发展

国际中文教育在不断创新发展，推出了更加实用、生动、趣味的中文教材和教学模式。例如，一些机构的互动式教学、影视教学等。

## 四、人才培养

国际中文教育不仅仅是为了传播中文和中华文化，也是为了培养更多的中文教育人才。许多国际学生选择在中国深造，并在海外中文教学领域拥有了更多的工作机会和发展空间。

总之，国际中文教育的发展前景广阔。随着中国的崛起和"一带一路"倡议的推进，中文教育市场将会进一步扩大和壮大。希望能够加强与各国教育机构的合作，促进国际学生更好地了解和学习中国文化，推动中文教育事业不断发展。2019 年 12 月，国际中文教育大会在长沙成功举办。此后，国际中文教育作为一个正式名称开始广泛使用。这一名称的提出具有重要的历史和现实意义，但同时也引起了一些讨论和争议，其中"狭义化"和"合流""合并"说颇有影响力，引起了人们的关注。

# 第三节　国际中文教育发展现状

## 一、黎巴嫩中文教育的发展背景及发展历史

### (一) 黎巴嫩概况

黎巴嫩，全称为黎巴嫩共和国，位于亚洲西南部，东部和北部与叙利亚接壤，南部与以色列为邻，西濒地中海。黎巴嫩是阿拉伯世界较小的国家之一。黎巴嫩语言培训机构为黎巴嫩各阶层提供了多样化的中文学习平台，黎巴嫩是多文化、多族群和多政治派别共生的国家。黎巴嫩官方语言是阿拉伯语。除此之外，也使用法语和英语。

### (二) 黎巴嫩中文教育的发展历史

1971 年 11 月 9 日，中国与黎巴嫩正式建立外交关系。近年来，中黎两国在政治、经济、教育和军事等各个领域的关系不断深化。2017 年 9 月 8 日，两国政府签署了《关于共同推进丝绸之路经济带与 21 世纪海上丝绸之路建设的谅解备忘录》。随着中国经济的快速发展和"一带一路"倡议的提出，黎巴嫩的中文教育也在有序推进。

黎巴嫩的中文教育教学最早可以追溯到 2003 年，贝鲁特语言中心是黎巴嫩第一个开设中文培训课程的教育机构；2006 年 11 月，黎巴嫩圣约瑟夫大学孔子学院正式成立；2007 年，圣约瑟夫大学开设中文学分课程，同年，贝鲁特美国大学也开设了中文选修学分课程；2009 年和 2010 年，汉语水平考试（HSK）和少儿汉语考试（YCT）在圣约瑟夫大学孔

子学院首次开展；2010 年，黎巴嫩法国学校开设中文课程，中文教学首次正式进入黎巴嫩的中小学课堂；2014 年 9 月，黎巴嫩大学语言与翻译中心成立了中文系，正式开始招收中文专业的学生；2019 年，黎巴嫩开设中文的主要机构，包括 10 所高等教育机构、5 所中小学以及部分语言培训机构；2020 年以来，大部分中文教育机构转为线上授课，还有一部分中文教育机构关闭了课程，目前仍在开课并且招生的主要中文教育机构包括圣约瑟夫大学孔子学院、贝鲁特美国大学、黎巴嫩大学和部分中文培训机构；2022 年 9 月，圣约瑟夫大学孔子学院恢复线下授课，同时分别在两所初中和一所小学开设了教学点。

历经 20 多年的发展，黎巴嫩中文教育形成了以孔子学院为主，大中小学逐步覆盖的态势。受当地经济、政治等因素的影响，中文教育发展受到了一定的冲击。

（三）黎巴嫩中文教育的发展特点

1. 孔子学院为中黎语言与教育合作提供了综合服务平台

黎巴嫩贝鲁特圣约瑟夫大学（Saint Joseph University of Beirut）于 1875 年创立，奉行法国高等教育体系。2007 年 2 月 27 日，沈阳师范大学与黎巴嫩圣约瑟夫大学签署了关于共建黎巴嫩圣约瑟夫大学孔子学院的协议，黎巴嫩圣约瑟夫大学孔子学院成为中东地区的第一所孔子学院，也是黎巴嫩唯一的一所孔子学院。孔子学院作为黎巴嫩唯一的 HSK 指定考点，疫情前每年举办 2~3 次考试，疫情后每年举办两次考试。孔子学院开设的课程主要以语言培训和在校大学生的中文学分课程为主，每个学期开设不同级别的综合成人汉语课和综合儿童汉语课，主要使用《新实用汉语课本》（成人）、《汉语乐园》（儿童）作为授课教材。疫情之前，孔子学院分别在的黎波里校区、赛达和蒙田学校开设了教学点，同时在当地的法兰萨银行为当地职员开设中文基础课程。截至 2021 年底，曾先后有 6 名中方院长、2 名外方院长、21 名中方教师和 2 名本土教师在孔院任职，历年总注册人数为 4500 人，累计推荐了 61 名孔子学院国际中文教师奖学金学生赴华开展学习。

除了中文课程以外，孔子学院自成立以来，一直致力于举办专业且有影响力的活动，如中国经济和文化讲座、中国美食文化节、"一带一路"论坛等学术活动和讲座，累计受众人数达 5000 人。此外，圣约瑟夫大学孔子学院还开展了多期教师和教材培训会。2019 年 10 月，黎巴嫩圣约瑟夫大学孔子学院出版了中阿双语《中国故事选编》拼音读本。该读本不仅成为当地中文学习者的阅读学习读物，更将中国富有教育意义的传统故事介绍给了黎巴嫩学生，成为他们了解中国文化的媒介。

2. 高校中文学历教育为黎巴嫩中文教育提供了人才支撑

贝鲁特美国大学（The American University of Beirut）建于 1866 年，奉行美国式的教育体制和方式，以严谨的校风和一流的教学理念而闻名，培养了众多国家的商界、政界杰出人物，被誉为"中东的哈佛"。该校的中文学分课程已有 15 年的开办历史，每学期由中方教师进行授课，主要面向该校的本科生作为选修课进行开设，使用教材为《新实用汉语课本》，每年招收两个教学班，每班 25 人。

黎巴嫩大学是黎巴嫩唯一的公立高等教育机构。2014 年 9 月，在中国驻黎巴嫩使馆的支持下，黎巴嫩大学成立中文系，设在语言与翻译中心，每年招生人数为 20 人，学制三年。学生毕业后授予语言学士学位，专业为中文专业，往届毕业生中有部分学生在中国攻读硕士学位，毕业后主要在华为、OPPO 等中资企业工作。

3. 语言培训机构多样化的中文学习平台

黎巴嫩设有多个中文培训机构，其中第一类是由华人华侨教师授课的语言培训机构，面向社会招生。以贝鲁特贝利兹语言中心和美国黎巴嫩语言中心为主要代表，其课程主要以入门基础为主，重语言交流、轻语法书写，教材以自编教材为主；第二类是由中国驻黎巴嫩维和部队开设的中文班，主要为面向联合国驻黎巴嫩临时部队司令部的参谋军官和提尔精英学校开设的兴趣班，授课教师为赴黎维和部队的中国官兵，其师资培训和教材均由圣约瑟夫大学孔子学院提供；第三类是非政府组织难民营中文教学项目。2019 年 7 月，"共同未来"与平澜基金会共同开设了黎巴嫩项目办公室，在关注难民问题，在儿童教育、妇女生计和青年赋能三个方面开展工作。2021 年 5 月，在该项目牵头下，该项目中方经理和两名黎巴嫩本土教师志愿者开展了为期三个月的中文教学，学生为年龄在 12~18 岁的难民儿童及青年，此次课程完成了《HSK 标准教程 1》的全部内容。

4. 本土中文教师培训有效地整合了黎巴嫩的中文教育资源

黎巴嫩中文教师的组成主要包括国内的公派教师、华人华侨本土教师和非华人华侨本土教师三类，其中华人华侨本土教师基本都不具备语言教学的专业背景，非华人华侨的本土教师主要是黎巴嫩大学毕业的本科毕业生或者具有中国留学经历的毕业生。2022 年 8 月，圣约瑟夫大学孔子学院中方合作院校沈阳师范大学组织了面向黎巴嫩本土中文教师的线上培训，共有 14 名本土教师参加了此次培训，其中 8 名为当地的华人华侨。

该培训历时两周，采用集训方式进行，分为华裔本土教师班和非华裔本土教师班，课程包含中文的语音、词汇、语法、汉字等语言要素的教学，以及国际中文教育的发展历程和趋势、中文线上教学的技巧及网络教学资源、《国际中文教育中文水平等级标准》解读等专题讲座，邀请了国内外国际中文教育领域的专家及具有丰富海外中文教学经验的教师授课，设计了讲授与讨论、理论与实践、讲座与个性化指导相结合的课程内容。

研修班开设期间，授课专家与本土教师就黎巴嫩中文教学现状、困境和解决对策等方面探讨交流。此次培训是针对黎巴嫩地区举办的首次本土中文教师培训，基本覆盖了黎巴嫩全境的本土中文教师，有效地提升了本土教师的专业素养与教学能力，同时也进一步地整合了黎巴嫩的本土教学资源，为各类中文教育机构的协同发展和优势互补提供了有力的保障。

（四）黎巴嫩中文教育存在的问题和面临的挑战

1. 高等教育中文教学基础薄弱，中文人才培养体系尚不完善

虽然黎巴嫩是阿拉伯国家较早开设孔子学院的国家之一，但是同埃及等其他阿拉伯国家相比，高等教育层次的中文教育基础较为薄弱，直到 2014 年才开设本科层次的中文学士学位项目。同时，黎巴嫩全域尚未开设硕士和博士层次的中文相关专业，尚未形成本硕博贯通的人才培养

体系。2009 年至今，来华学习的孔子学院或国际中文教师奖学金学生多以一学期或者一学年短期学习为主。因此，导致黎巴嫩本土缺少专业化和精英化的中文人才，本土中文师资来源缺失。虽然有十几位华人华侨教师，但是他们大多缺少语言教育专业背景，缺少中文教学的本土职业化专业化队伍，无法形成中文教育发展的良性循环。

2. 中文教学发展不平衡，中文尚未纳入黎巴嫩国民教育体系

虽然黎巴嫩主流高校圣约瑟夫大学、贝鲁特美国大学和黎巴嫩大学均已开设中文相关教育课程，但是在疫情前，仅有 5 所中小学开设中文课程，仅占中小学的 0.17%，规模不大且多为兴趣课程，主要原因是黎巴嫩的基础教育以法语体系和英语体系为主，所有学校的自然科学课的授课都采取英语或法语授课，学生学习第二语言压力较大，因此在中小学开设的中文课程尚未形成一定的规模。

## 二、巴基斯坦

巴基斯坦全称巴基斯坦伊斯兰共和国，位于南亚次大陆西北部。东接印度，东北与中国毗邻，西北与阿富汗交界，西邻伊朗，南濒阿拉伯海，面积约 80 万平方千米（不包括巴控克什米尔地区）。巴基斯坦是多民族国家，全国共有旁遮普、开伯尔-普什图省、俾路支、信德 4 个省和伊斯兰堡首都特区。总人口约 2.08 亿人，但分布不平衡。其中，旁遮普省人口达 1 亿人，约占全国总人口的 53%，为人口第一大省。巴基斯坦战略位置十分重要，处于我国与南亚、中亚、西亚及海湾地区连接的枢纽，也是"一带一路"的重要节点。

巴基斯坦的中文教学可追溯至 20 世纪 60 年代初期。最初是为了满足国家军事、国防、外交合作需求，服务于军队、外交部等机构的人才培养与储备，至今有约 60 年的发展历史。1970 年，巴基斯坦国立现代语言大学正式开设中文系，成为巴基斯坦最早提供正规中文教学的机构，现巴基斯坦全国有约 2.6~3 万名学生正在学习中文。巴基斯坦中文教育发展在加强两国文化交流与理解，支持"一带一路"建设等方面发挥着积极的作用。

## （一）巴基斯坦中文教育发展影响因素

### 1. 历史、宗教因素

巴基斯坦是多民族多语言国家，国语为乌尔都语，官方语言为乌尔都语和英语。历史上，巴基斯坦曾为英属印度的一部分，独立后也仍然是英联邦成员国，因此英语一直被精英阶层推崇，并占主导地位。巴基斯坦信奉伊斯兰教历史悠久，1956 年巴基斯坦建国时，宪法即规定伊斯兰教为国教，95% 以上的居民信奉该教。国教促进了阿拉伯语的学习，1977 年巴基斯坦就提出将阿拉伯语作为必修课引入国民教育体系。巴基斯坦重视对各民族语言的保护，如：旁遮普语、信德语、俾路支语等，学生所处的语言环境复杂，语言学习负担也较重。

历史与宗教因素给巴基斯坦中文教育带来的影响是复杂的。一方面，英语、阿拉伯语在巴基斯坦社会及宗教活动中占据重要地位，中文面临着激烈的外语语言竞争；另一方面，民众能够重视语言学习，认识到语言在政治、经济、文化、宗教、教育等多方面的综合作用，学习语言的动机更强。

巴基斯坦本土进行了一些多语共进的突破性尝试，如：阿尔西纳出版社出版的《学习汉语、阿拉伯语、英语和乌尔都语（会话学习手册）》，书中的语句均以四种语言进行对照展示，出版社社长尚明哲（Abdul Adeel）尝试将宗教内容与语言学习相结合，以中、英、乌、阿四语展示《古兰经》中的训诫。

2. 外交因素

20 世纪 90 年代以前，中巴关系整体上受国际局势波动的影响，经历了从淡漠到逐渐互信再到建立同盟关系的过程。这一时期的中文教学也在缓慢地渐进式发展。20 世纪 90 年代至 21 世纪初，中巴两国的重心都转移到加强国家自身的政治经济建设上，并在国际社会上互相支持，高层互访频繁，情感进一步升华，两国关系日趋稳固。这一时期，伊斯兰堡国立现代语言大学开设了中文硕士课程，中文教学向高层次高水平进一步延伸。

2005 年，中巴签订了《中巴睦邻友好合作条约》，宣布发展更加紧密的战略合作伙伴关系，中巴关系有了法律保障，中巴战略合作关系走上了新台阶。

同年，伊斯兰堡孔子学院成立，巴基斯坦中文教育在孔子学院的支持下快速发展。

2015 年，中巴关系升级为"全天候战略伙伴"，这在中国的对外双边关系中处于独一无二的地位，由此推动了巴基斯坦各地孔子学院（课堂）及教学点广泛建立，孔子学院（课堂）与当地大、中、小学和各类机构合作，中文教学进入繁荣发展时期。以伊斯兰堡孔院为例，2015 年起，伊斯兰堡孔院参加汉语水平考试的人数明显增长，2016 年为 1350 人，较 2015 年增长一倍。2017 年猛增至 3659 人，2018—2019 年均保持在 2000 人左右。

3. 经济影响

从中巴建交初期到 20 世纪 80 年代，中巴两国的经贸关系以中国对巴基斯坦的经济援建为主，中文教学也是为了满足在巴企业人力资源需求而进行的。

2013 年，"一带一路"倡议及中巴经济走廊（CPEC）计划的提出，在巴基斯坦全国上下引起震动。截至 2019 年，中巴经济走廊提供了 7 万个工作机会，有 6 万名巴基斯坦人在中资公司工作。据巴方统计，中国自 2015 年起，连续 6 年保持巴基斯坦最大贸易伙伴、第一大进口来源国和第二大出口目的地。

巴基斯坦吉尔吉特—巴尔蒂斯坦地区与中国新疆相接，仅 2006 年赴吉尔吉特—巴尔蒂斯坦旅行的中国公民就有 3450 万人次，该地区出台的《吉尔吉特—巴尔蒂斯坦教育战略 2015—2030》中提到，要充分依靠中国政府的支持，依靠国立现代语言大学的语言教学基础，在吉尔吉特—巴尔蒂斯坦每个区建立一个中文中心。

有技能、受过良好教育和训练的青年希望能够通过学习中文帮助他们在中巴经济走廊和相关项目中获得就业机会。在经济和就业驱动下，巴基斯坦掀起了中文学习热潮，中文吸引力急剧提升。

4. 安全稳定因素

目前，巴基斯坦孔子学院多分布于东部首都地区、旁遮普省以及信德省的大城市，而在俾路支省及西北与阿富汗交界的联邦直辖部落区等恐怖分子活跃的地区，暂未设立孔子学院（课堂）。

（二）巴基斯坦中文教育发展现状

巴基斯坦的中文教育发展大致可以分为开创期、发展期和繁荣期三个阶段。1970—2005 年为开创期，这一阶段巴基斯坦中文教学发展较为缓慢，形成了非学历与学历并存的教学体系，以高等教育开办的中文教学为主。2005—2015 是巴基斯坦中文教学的发展期，这一时期发展速度有所提升，覆盖的地域广度也有所拓展。伊斯兰堡、卡拉奇等大城市的孔子学院陆续落成，广泛开办教学点，与各级各类学校、机构多元合作，在师资、教学资源等方面有力支持了巴基斯坦的中文教学发展，中文教学形成了南北并驾齐驱的态势。

2015 年以来，巴基斯坦的中文教学进入了繁荣期，"一带一路"倡议的提出以及中巴经济走廊的顺利推进，直接刺激了当地的中文学习需求，从政府到民间掀起了中文学习热潮。

1. 高等教育阶段

巴基斯坦的正规中文教学最早起源于高等教育阶段，以国立现代语言大学 1970 年成立中文系为标志。创立之初，国立现代语言大学共有 30 名学生，其中 13 名来自中文系。中国政府通过派遣中文教师、提供相关的中文学习资料等方式支持巴基斯坦的中文教学发展。

国立现代语言大学中文系最初只开办了一年制的证书课程，学生经过一年的学习可获得翻译文凭。随着师资力量的不断增强，学生数量增多，中文系逐渐扩大规模，发展成为巴基斯坦本土中文教学的领军力量。

1999年，该学校开设了本科、硕士学位课程。2006年，开设哲学硕士课程，并计划在不久的将来开设博士课程。

2. 国立现代语言大学中文系项目及课程设置

国立现代语言大学作为巴基斯坦开展中文教学历史最悠久的高等院校，经历了50多年的发展历史，成了巴基斯坦中文教学的主力之一，其中文教学实力与巴基斯坦其他高校相比较为突出，具有一定代表性。

中文系现有在校生400余人，既有非学历项目也有与中文相关的学历项目，国立现代语言大学主校区在伊斯兰堡，在各地建有分校，但以伊斯兰堡主校区涉及的项目类型最多，有中文证书项目、中文文凭项目、中文翻译项目、中文本科、中文硕士及短期课程。其中，中文专业硕士开设的课程有现代汉语、中文作为外语教学、当代中国社会和政治、中国哲学、普通语言学、研究方法论等。

3. 相关专业中的中文教学

一些高校虽未开设中文专业，但开设了区域研究、东亚研究等项目。如：拉合尔政府大学政治学院的卓越中国研究中心开设了一年制的"中国研究"文凭项目，共计18学分，包括中文、中国政治制度、中国社会文化研究、中国区域发展与角色、中国经济的显著特征、世界政治中的中国等六门课程。国立现代语言大学与北京语言大学也合作开设了本科"2+2"区域研究（中国）项目，该项目学制四年，涵盖中国文化、语言、外交政策、综合国力和巴中双边关系等课程。其中，中文语言课程主要教授HSK1-4级的内容，体现了对学生中文综合水平的要求。

（三）基础教育阶段

依托孔子学院（课堂），巴基斯坦的中文教育走进了巴基斯坦的国民教育体系中，开展了从幼儿园到中小学的中文教学。但由于巴基斯坦的中文教学基础比较薄弱，师资及中文教学资源有限。因此，无法大规模开展中文教学，而是优先支持一部分有条件的中小学开设中文课程，通过示范性作用，带动周边地区的中小学中文课程发展。

巴基斯坦基础教育阶段中文教育主要分布在实力雄厚的私立教育集团、精英学校。比如城市学校、千禧教育集团等。城市学校大力宣传学习中文的必要性，鼓励学生学习中文课程；千禧教育集团有超过 8500 名学生学习中文。一些贵族学校、精英学校有能力聘请中文教师为学生提供中文课程。2012 年 9 月，海德拉巴海军附属中学开设了中文必修课，随后建立了孔子课堂。该校是第一所将中文课设置为 7-11 年级全校必修课的中学。这类学校目前选用的教材均为中国教材，如《HSK 标准教程》等。

(四) 孔子学院 (课堂)

1. 巴基斯坦孔子学院 (课堂) 分布集中，但辐射范围广

巴基斯坦目前有 5 所孔子学院和 2 个孔子课堂，分布于旁遮普省、信德省及联邦首都地区。孔子学院合作的巴方院校 (机构) 在巴基斯坦社会声誉较高，为孔子学院树立了良好的社会形象，有利于扩大影响力和辐射范围。从巴基斯坦高等教育委员会 2015 年第五轮高校排名结果来看，与中方院校合作建立孔子学院的几所院校中，旁遮普大学排名第二，费萨拉巴德大学排名第四，卡拉奇大学排名第八。另外，国立科技大学、阿加汗大学等几所同样排名前十的高等学府也已经与孔子学院合作建立了中文教学点，总体上呈现出高质量办学的定位和发展策略。

巴基斯坦孔子学院（课堂）至今已建立了 50 多个教学点，其中不乏跨市、跨地区的教学点，形成了以孔子学院（课堂）为中心，联系多个教学点，辐射多个区域的"心—点—面"发展模式，在巴基斯坦构筑了一个脉络清晰的中文教学网络。

2. 创新合作模式，向学分课程、学历教育发展

近年来，孔子学院（课堂）积极探索、创新合作模式，与当地企业、政府、教学机构广泛开展各类适应当地需求的深度合作，形成了多层次的中文教育格局。

（1）积极推动中文课程计入合作院校学分体系

孔子学院（课堂）通过持续性的师资支持，在大学、中学开设选修课、必修课，支撑了合作院校的中文课程建设，促进了中文教学进入国民教育体系。如旁遮普大学孔子学院在旁遮普大学经济管理系、心理系、统计系开设中文选修课，计入学校的学分系统；佩特罗中学在佩特罗中学孔子课堂的支持下得以将中文课设为学生的必修课，学生需通过中文课程考试取得学分。

（2）资源共享，推动中外校、企合作开展联合培养中文专业学历项目

孔子学院作为桥梁，促进了中巴高校间的资源与信息共享，打通壁垒，各显所长。如：四川师范大学与巴基斯坦卡拉奇大学开展的"国际中文本科专业 2+2 联合培养项目"、江西理工大学、中国三峡南亚投资有限公司和旁遮普大学共同设立的"2+2"电气工程学士学位专业奖学金项目。

（3）挖掘技术人才培养潜力，开展"中文+职业技术"项目

孔子学院为在巴中资企业的本土技术人才培养提供支持，开展产教结合"中文+职业技术"的复合型人才培养项目。如：费萨拉巴德农业大学孔院与华能山东如意（巴基斯坦）能源有限公司萨希瓦尔燃煤电站合作开展"中文+焊接技术"教学培训等。

（4）精准对接当地需求，开展各领域中文短期培训项目

孔子学院深入了解当地社会需求，与社会各界合作，为社会各行各业提供有针对性的、定向的中文培训，助力"中文+"应用型中文教学模式推广。例如：为巴基斯坦海军现役军官、警察、煤矿和银行工作人员等开展短期培训，解决与中国人的沟通问题。

3. 孔子学院（课堂）是巴基斯坦当地重要的中文教学力量

巴基斯坦孔子学院（课堂）的建立意义重大。伊斯兰堡孔子学院是伊斯兰国家成立的第一家孔子学院，成为向伊斯兰国家迈进的排头兵；穆扎法尔格尔短波收听俱乐部孔子课堂是巴基斯坦的第一个广播孔子课堂，目前与千禧教育集团合作，已经成为巴基斯坦中小学中文教学的主要力量；卡拉奇大学孔子学院的设立标志着中文教学在巴基斯坦南部有了正式的教学机构，推动南部中文教学走入正轨。

孔子学院（课堂）的设立缓解了当地中文教师师资、教材短缺等问题，他们组织汉语水平考试、本土中文教师培训，引进了鲜活、新颖的中文教学模式，活跃了巴基斯坦的中文教学环境。孔子学院（课堂）较为科学地区分难度级别，顺应中文教学发展实践的规律和要求，形成较为立体的教学体系，并能够以当地中文教育的社会需求为中心，不断探

索与其他教育机构间的新型合作模式。总的说，孔子学院（课堂）在巴基斯坦起到很好的示范作用，为巴基斯坦中文教学带来了新的生机。

（五）华文教育

中巴关系的发展离不开华侨华人和华人社团的大力支持。在巴华人华侨以维吾尔族为主，随着"一带一路"倡议和中巴经济走廊的建设实施，越来越多的中国人赴巴基斯坦投资经商。巴基斯坦华人华侨近 14 万人，主要集中在经济较为发达的旁遮普省和信德省。

2010 年，第一个全巴华人华侨组织——全巴基斯坦华人华侨联合会在伊斯兰堡成立。为了服务在巴华人子女，传承中国传统文化，2013年，中巴教育文化中心华文书院应运而生，它是巴基斯坦第一所也是唯一所华文学校。成立之初，只有 10 多名学生。到 2022 年，学生人数达到 200 名，很多学生是中资企业员工子女，在华文学校学习几年以后还要回到中国国内继续上学，所以目前华文书院主要采用的是教育部编版教材，又从一些华文教材中选取部分内容进行补充，除此以外，还自编了初、中、高级国学教材。

巴基斯坦华文教育虽然起步较晚，但受到了在巴华侨华人的高度重视，发展较快。近两年华文教育与暨南大学开展合作，组织华文水平测试，开设了线上课程，加入了中国华文教育基金会实景课堂项目等，为当地的中文教学贡献了积极力量。

随着中国的崛起和国际交流的不断加强，越来越多的人开始学习中文。因此，国际中文教育也得到了迅速发展。目前，国际中文教育的发展现状如下：

1. 中文教育的需求量不断增加

据统计，目前全球有超过 1 亿人在学习中文，其中包括学生、职场人士、文化爱好者等。这些人对中文教育的需求量不断增加，也促进了国际中文教育的发展。

2. 中文教育的教学方式不断创新

随着科技的不断发展，中文教育的教学方式也在不断创新。传统的教学方式已经无法满足学生的需求，因此，越来越多的中文教育机构开始采用在线教学、移动学习等新的教学方式，以更好地满足学生的需求。

3. 中文教育的教学内容更加丰富多样

随着中文教育的发展，教学内容也变得更加丰富多样。除了传统的语法、词汇等基础知识外，还包括文化、历史、艺术等方面的内容。这些内容不仅可以帮助学生更好地理解中文，还可以让他们更好地了解中国文化。

# 第三章　国际中文教育课程概况

## 第一节　国际中文教育课程的教授对象和内容

### 一、教授对象

国际中文教育的教学者可以是中国人也可以是外国人；教学对象是母语为非汉语的外国人，也可是母语或第一语言非汉语的华侨华人及其后裔；所教的内容是作为第二语言、外语或者其他语言的汉语；教学地点可以是在国内、海外或者是虚拟空间。

### 二、文化教学的具体内容

以往的对外汉语教学对文化因素的探讨颇多，但由于汉语国际教育有别于对外汉语教学，故汉语国际教育中的文化教学内容也应重新定位。从以上对汉语国际教育中的文化定位来看，简单说，文化内容包括存在于语言及非语言形式中的各种文化因素和相对独立的文化知识。具体内容可以划分为以下几个方面：

（一）语言中蕴含的文化因素

主要指存在于语言系统各层次中的文化内涵和语言使用的社会规约。

它主要隐含在语音、词汇、语法、语用等系统中。属于语言的文化因素。

1. 语音中的文化因素

语音对文化交际的影响是不言而喻的，任何语言的语音都有自己一定的结构系统，如汉语的声、韵、调系统，这个系统是社会约定俗成的结果，承载了大量独特的文化信息。例如，汉语中存在大量的同音字和近音字，于是人们就从这种谐音关系中引出了吉利话和禁忌语。如与"死"谐音的数字"4"，在电话号码、车牌号码中凡带有"4"这个数字的，人们都不愿意选它，这就是避讳。反之，"8"与"发"谐音，含有发财、发达之意。所以人们都喜欢带有8的数字。这些都充分反映了汉民族特有的文化心理。另外，汉语的音节有其独特性，由声母、韵母、声调三部分组成，承载了大量的文化信息。如双声、叠韵、叠音的韵律美；押韵回环的节奏美、声调配合的抑扬顿挫之美、模拟声音的仿真之美等等，在诗歌、民谣、顺口溜、绕口令中得到了淋漓尽致的表现。

2. 词汇中的文化因素

汉语所使用的词汇中的文化现象异常丰富，尤其是那些很少能和外语互译的词汇。比如汉语中表示亲属称谓的词，远远多于其他语言，这表明中华文化注重家庭、血缘关系。另外，词汇中的文化内涵还能反映出一个民族的心理模式和思维方式。如姓名的书写顺序是先姓后名，信封上地名的书写顺序是先大后小，这反映了中华文化中重家族轻小我的民族心理，有先整体后局部的思维方式。从词汇的结构形式来看，双音节词最多，存在大量的四字成语，并且其中不乏两两对称的并列式或联合式词组。

### 3. 语法中的文化因素

汉语句子的生成是以语义为第一要素，以义统形的。不用严格的性、数、格、时态等形式变化体现语法关系和语义信息。而是在遵照一定的规则后，只要在前后语境中表达合乎事理，就可组句组段。汉语中多话题句就是这个缘故。例如，"我已经做完作业了"常常说成"作业我已经做完了"。只要细细地体悟，就能悟出各种表达的微妙差别。在造句心理上表现为重意境、主神似；写景状物时要求化景物为情思，赋情思于景物；叙事说理时则贵言简意赅。同时，不求形式上的面面俱到，却讲究意境上的回味无穷。汉语句子在生成过程中对于语境、情景以及交际双方背景知识有很大的依赖性。所以在理解句子时就不仅对语言符号作表层分析和组合，而且要努力进入对语境的领会、对情景的感受，乃至动用储存在大脑中相关的背景知识。这是汉民族重领悟而不重形式的哲学与思维方式的体现，是汉语根深蒂固的文化精神的体现。它渗透到汉语各个领域的各个方面，而集中体现在了语法上。

### 4. 语用中的文化因素

语用中的文化因素体现在语言交际中的语用规则和文化规约。它是由一个民族的文化，特别是民俗文化所决定的。一般的基本语用包括以下几种：

（1）称谓语。中国是礼仪之邦，讲究长幼尊卑亲疏的人际关系，对长辈、老师、上级不能直呼其名。故对老者要在姓前或后加"老"字，表示尊敬；对不熟悉的人也用"叔叔阿姨""兄弟姐妹"等亲属关系相称，以拉近距离；对上级则用姓加职务的方式相称，表示对对方社会地位的尊崇。

（2）问候语。中国人见面问候并非"你好"二字那么简单。"吃了吗?""去哪儿?""上班去?"这些并不需要认真回答的看似不经意的随便问问，既是对对方的在意和关心，也是对社会生活的写照，还能反映出时代的变迁。

（3）禁忌语。一般在结婚、寿诞等喜事期间，要说些美好祝福的语言，不要说不吉利的话，或是有不吉祥之嫌的话，若是不小心为之，也要用吉祥的话来转化一下。在外国人看来，年龄、收入、婚姻状况等属于隐私禁忌的范畴，而中国人，看关系的远近，也是可以或者是愿意和朋友交流和分享的。

（4）谦辞与敬语。中国人对自己尽量谦逊，对他人尽量表示尊敬，这是中国文化最基本的交际规约。而外国人往往把中国人的这一谦逊传统看作是不自信、自卑的表现，这是对中国文化的不了解而导致的误解。

（二）非语言的文化因素

相对于存在语言形式中的文化因素而言，非语言的文化因素存在形态大于语言形式。除了通常所理解的与语言相对的"体态语"以外，还包括记录语言的符号——文字，即汉字本身就是一种文化符号。

1. 文字

文字是记录有声语言的书写符号系统。汉语言的书写符号就是汉字。它除了具有文字的一般功能以外，还具有神奇的文化功能。特别是汉字的书法魅力和它的构造来源蕴含着深刻的文化内涵，也是中华文化极富吸引力的重要原因之一。汉字的书写非常讲究。虽然每一个汉字都是由一定的基本笔画组合而成，但是一旦融入了人的理解和性情而诠释出的汉字则体式多样，风格各异，或飘逸，或凝重，或雄健，或清秀，因而形成了各种派别的书法艺术。汉字的构造及其来源更是彰显了汉文化的魅力。一部《说文解字》也道不尽它的魅力。随着时代的变迁和社会的发展，融入了个人的人生感悟的新"说文解字"也层出不穷。如"人"字，《说文解字》："人，天地之性最贵者也。此籀文。象臂胫之形。凡人之属皆从人。"天、地、人为宇宙"三才"，而人乃"天地之性最贵者"，可见，我国古代对"人"的重视。现代人对"人"有新的诠释。认为"人"字由一撇一捺构成，分别取自"男"字中有力的一撇和"女"字中风情万种的一捺，共同支撑起了一个堂堂正正的"人"：人若肩负社会责任感则为"大"（"一"为责任）；人再大大不过"天"，一为天，人若能立于天地间，则为大丈"夫"（"二"代表天地）。无论是古代还是现代，对"人"字构造的阐释都融合了"天人合一"的文化思想。

2. 体态语

体态语是属于非语言的信息传递方式。主要指通过表情和动作传递信息。体态语在交际中最自然地流露出一个民族的文化信息。"拱手"是中国人特有的见面或告辞致意的礼貌举止，是由古代文人见面作揖演变而来的。在有师长、领导等前辈在场时，要与前辈保持一定的距离，坐姿端正，显得谦逊有礼，以表示对前辈的尊敬和敬仰，这时不是彰显自我个性的时候。

（三）文化知识

其实，通常所说的文化教学就是指的文化知识的教学。文化知识指的是有别于以上谈到的所有的文化因素而相对独立的知识性文化。是中国五千年来创造、积累、传承下来的文明集合。大致可分为三个方面。

### 1. 文化背景知识

主要包括历史、地理、文学、艺术、哲学、科技、风土人情等。由于中华民族历史悠久，地属高山盆地内陆之国，受几千年的儒家哲学思想的熏陶，形成了中华民族特有的温文尔雅、忠厚通达、博大内敛的文化气息。与西方的热情奔放、冒险不羁的骑士精神全然迥异。

### 2. 基本国情知识

主要包括人口、政治、经济、教育、民族等方面的知识。作为社会主义国家的新中国，依然秉承历史之精华，敞开胸怀、广交宾朋、吐故纳新、积极进取，为世界的和谐发展贡献力量。

### 3. 专门文化知识

主要指针对汉语言专业或汉语言文化专业的学习者所开设的专门的系统的文化知识。它更具专门性、系统性、学术性，更突出文化价值观念，保证学习者受到足够的人文科学教育。

## 三、中国文化

### (一) 何为中国文化

要讨论何为"中国文化"，就必须首先明确关于"文化"的定义。我国的著名学者梁漱溟先生曾说："文化，就是吾人生活所依靠之一切。"今说文化就是吾人生活所依靠之一切，意在指示人们，文化是极其实在的东西。文化之本义，应在经济、政治，乃至一切无所不包。以此，我们可以推而得知，中国文化就是中国环境内人们生活所依靠之一切，这其中包括着中国的经济、政治、艺术作品等等。

（二）中国文化教育的内容及选取原则

1. 教育内容

在我们理解了何为文化以及中国文化之后，我们不难发现，如果要对学生进行有关中国文化的教育教学工作，则涉及的内容颇多。在一般的认识和理解里，用一定的方式使学生们得以接触中国文化的相关内容（比如中国古典民族舞、京剧、少数民族的特色服装等）则已实现了中国文化的教学，但我们往深了研究之后，不难发现，文化是成体系的。在这个体系之中不仅有服饰、歌舞，还有一般人理解起来较为困难的中国政治制度的变迁、中国少数民族政策的改变、中国工商业的独特发展情况等，如若要深入进行中国文化的相关教育教学工作，则必须对中国文化的各个方面都有所介绍。

2. 文化教学内容选取原则

中华文化博大精深，知识浩如烟海，国际中文课堂上文化教学内容不可能面面俱到，面对国际学生，教师要有所选择。那么该如何对文化教学内容进行取舍，现以"敦煌文化"为例介绍文化教学内容的选取原则：

（1）适度适量性

文化教学内容并非越多越好、越深越好，而应权衡学生的接受程度、理解能力、学习目的、课时量等因素，遵循适度适量的原则进行取舍。比如在中国和在海外学习汉语的国际学生，即便语言水平相当，但对于文化内容的接受程度也有较大差异，文化教学内容的选择就要随需的选取原则。海外学习者了解中华文化的途径相对较少，大多只有网络、电视、书籍等有限的方式，导致其对中华文化的接触是间接的、有隔膜的。面对这些群体进行文化教学，最好能普及性地介绍重要文化知识点。而在中国学习的国际学生受周遭环境耳濡目染的影响，或主动或被动地接触到中华文化各方各面，对其进行文化教学时，可以选取某个重要文化点进行深入讲解，但程度也要根据其语言水平和接受程度而定。在一次关于敦煌壁画的文化专题课程中，讲授者详细介绍了菩萨像分类和乐舞类型。我们认为，在国际中文教育课堂中传授敦煌文化，涉及菩萨、宗教的部分，与其选取引用宗教原文语言、普及菩萨分类知识等对于中国学生而言尚且晦涩难懂的知识，不如选取便于理解、通俗易懂的如"千手观音"等佛教形象进行简单介绍。

（2）阶段性

文化教学需要分阶段进行。不同水平的学生对于知识的接受程度不同，因此需要在语言学习的不同阶段秉持由浅到深、由简到繁的顺序，以循序渐进、逐渐加深的方式进行文化教学。初级阶段的学生，对于中华文化只需初步了解，在汉语水平不高的情况下，为增强学生的学习兴趣，教师可以通过出示图片、播放视频等方式简单介绍易于理解的文化知识。高级阶段的学生应当系统学习中华文化知识，可以为其开设文化类必修和选修课程，让学生在学有余力的情况下，自主选择感兴趣的文化类选修课，如敦煌文化教学中，初级阶段的学生只需学习有关敦煌壁画、雕塑等简单的生词，观看视频学习九色鹿的故事；而比较深层次的内容更适合中高级阶段的学生，可以为其补充拓展敦煌壁画的专有名词，讲解敦煌壁画中所反映的人物风俗。分阶段进行文化教学，既符合不同水平国际学生的学习能力，又能保证教学质量，避免学生因兴趣不高、能力不足而浪费课程资源，也使得文化教学能更科学有效地促进语言学习。

3. 针对性

文化教学要有针对性，不能一概而论，要因时、因地、因人而异。学习者所处的文化背景不同、学习目的不同，都应调整文化教学的内容。如有学生继续学习汉语的目的是为了扩展知识面，加深对中华文化的了解，教师可以为其补充拓展有关中华文化的背景知识，内容在广而不在深，如中国节日、饮食、绘画、文学、历史等中华文化方方面面的内容。而有的学生对中国民俗中的非物质文化遗产感兴趣，可以选修有关中国民俗的课程，学习中国民间习俗的来历、发展现状以及简单的手工制作，如剪纸、编中国结、扎布老虎等。另外，不同国别的学生文化背景不同，处在东亚、东南亚文化圈的学生与中华文化接触较多，理解起来相对容易；而欧美学生文化圈与中华文化差异大，理解起来会更困难，所以在文化项目的选择和介绍上也应有所区分。

4. 趣味性

文化教学应当充分发挥文化因素本身的魅力，采取丰富多样的教学形式，为学生提供喜闻乐见的文化知识。文化的呈现方式多种多样，有些通过传统节日形成约定成俗的纪念仪式，有些通过口耳相传以地方特色习俗的形式流传至今，有些将文化理念融入文学课本、历史建筑、雕塑绘画等各类艺术作品中。总之，一个民族的文化在历史长河中总能形成其独特而稳固的艺术形式，世代传承。面对中华文化中多种多样的文化形式，应尽量选取生动有趣的文化知识。根据前文所提的兴趣调查，教师可以为国际学生讲述中国节日的庆祝方式，比如春节包饺子、贴春联、挂灯笼、拜年等习俗。将学生感兴趣的文化内容通过视频讲解、角色扮演、游戏互动等多种教学方式呈现出来，调动学生的视听感受，让学生在枯燥的理论学习中产生学习的乐趣。

5. 时代性

文化教学应当用现代的思维思考，如只选取有关中国古代文学、历史、传统艺术等方面的内容教学，不仅考验学生的接受力，也不易让其感受中国的进步，接触不到中国当下的流行文化和先进的科学技术，会产生对中国片面的认知和理解的偏差。应当适当选取与当下生活密切相关的文化点教学，如现在中国通信、交通、娱乐、支付方式等方面的变化，让学生感到学有所用。目前，部分汉语教材体现的文化观念并不能反映当下中国的流行文化和价值观。如有些教材中的人物对话，在回应别人称赞时经常出现的是"哪里哪里"。随着中国人观念的变化，面对别人的称赞更乐于接受，而不是谦逊和推辞。学生在实际交际中如果照搬教材中的话语，会让人觉得呆板、不真诚。过时的教材内容不仅向学生传输了不合时宜的交际话语，也会挫伤其学习积极性，难以真正提高学生的交际能力。以敦煌文化为例，可以尽可能多地选择通俗易懂、生动有趣的文化内容，如介绍数字敦煌工程，它为保护敦煌文化遗产做出了重要贡献，也可以将其中的动画作为视频教学资料，让学生在体验中理解敦煌文化，在游戏互动中收获学习的乐趣。

## （三）在汉语国际教育中开展中国文化教育的必要性

在经过长期的教学实践后，人们发现，汉语国际教育的课堂并不能将有关中国文化的教学内容剥离开来。很多时候，国际学生在进入实际的汉语交际环境中运用汉语和中国人进行交际活动时，本就需要依靠中国文化知识的帮助（比如恰逢中国的春节时，国际学生如果能懂得"吃饺子""贴春联"等和春节有关的文化，便能更好地参与和这一传统节日有关的活动），有些时候不懂中国文化，甚至会影响到国际学生在实际生活中的交际效果（比如恰逢自己的中国老师生日，国际学生们想送一份礼物给老师，却因为不懂得在中文的读音里"送钟"与"送终"读音相同，所以送礼物时忌讳送时钟而送了一个闹钟给老师，让老师觉得很尴尬）。在意识到中国文化的相关教育教学在汉语国际教育中的重要性后，人们开始对如何更好地对国际学生开展有关中国文化的教育活动这一问题进行相关研究。

## （四）在汉语国际教育中开展中国文化教育的难点和重点

在实际的教学实践中，人们发现对国际学生进行有关中国文化的教学并不容易。

首先，国际学生们来自世界的各个国家和地区，对中国文化不甚了解。中国有句俗话叫"隔行如隔山"，直白的意思是不同行业的人对另一个行业的相关知识和实际操作很难理解到位。实际上，不只是不同行业的人难以互相理解，不同文化地区的人在学习和理解另一个地区的文化内容时也是困难的（例如欧美地区的学生在初次接触中国人在端午节时赛龙舟、吃粽子纪念屈原这位伟大人物的相关活动时会产生不理解的心理)。与此同时,不同国家和地区的国际学生对中国文化的理解程度也不同,比如与来自欧美地区的学生相比,来自东亚文化圈的学生对中国的许多文化习俗则了解较多(例如韩国地区的学生因为自己国家有"江陵祭的活动",因而对中国的端午节文化了解较多)。

因而在实际的汉语国际教育课堂中,如何让国际学生们更好地理解和学习中国文化,以及对来自不同国家和地区的学生,应采取不同的教学方法是我们需要深入思考和研究的问题。

我们需要明确的一点是,使学生们提高运用汉语在实际环境中的应用能力是我们进行汉语国际教育工作的最主要目标,因而在文化教学时,我们不可影响"实用汉语"这一最重要的教学点。使文化教学与"实用汉语"相结合,让学生们更好地掌握汉语的实际应用。在这个基础上,如若学生们对汉语有深造的目标,那么我们可具体对其再制订单独的有关文化的教学设计。

(五)在汉语国际教育中如何更好地进行文化教育

在意识到国际汉语课堂里中国文化教育的重要性和需要考虑的实际难点和重点之后,如何更好地进行相关的文化教育教学活动,便成为了我们需要深入思考和研究的问题。我们需要明确的一点是:我们必须树立"文化无高低贵贱,只有相互之间的不同"这一意识,包容不同文化之间的差异,尊重不同的文化。中国文化于学生们而言是不同于他们的另一种文化的存在,这只是彼此的差异,而不代表着中国的文化对另一种文化存在着更优或更劣的情况。学生们学习汉语以及中国文化,教师于他们而言是知识的传授者而不应是他们生活的批判者,我们不应该站在主观的立场上对学生们的文化习俗加以点评，只有明确这一理念，我们才能更好地进行汉语国际教育中的中国文化教学活动。

首先，我们需要在国际汉语课堂中有意识地进行科学的中国文化教学。课堂中科学良好的教学对学生掌握一类知识可谓至关重要，在进行汉语国际教育的课堂教学时，有意识地对学生进行有关中国文化内容的教学，如播放和中国文化相关的影视作品（如电影《智取威虎山》、《我在故宫修文物》系列节目、《舌尖上的中国》系列节目等），或是在课堂中展示和中国文化相关的艺术作品（如中国结、对联、刺绣作品等），其目的在于让学生们实在地接触到有关中国文化的具体实物。在初级阶段的教学中或许学生们并不能很好地理解相关内容，但这样的教学安排使学生们对中国文化有所了解，从而对中国的相关文化产生兴趣，这种兴趣会使学生们更有激情和动力去学习汉语，对汉语语言的教学产生正面而积极的作用和影响。这种正面而积极的影响将会使学生们在进入中高级学习阶段后继续保持学习汉语的热情，且使得中高级阶段涉及与语言应用互相关联的更加深入的文化教学（比如前文所举的"送钟"的例子）活动更容易进行。同时，我们应该注意，在不同的教学阶段，对相关文化内容的教学安排应有各自不同的考虑。比如对初级阶段的学生，我们只需让他们对中国文化有兴趣和了解即可，因而在这个时候，我们以展示相关实物（比如中国结等）和图片（如长城等风景名胜的优秀摄影作品等）为主，但在进入中高级阶段后，我们安排更为深入的内容教学，讲究循序渐进。

其次，安排丰富的课下文化活动。在我们结束了课堂的汉语教学后，我们应适当安排一些让学生们了解中国文化的课后作业，比如搜集不同地区刺绣的作品图片、拍摄当地知名景点的照片等，节假日我们还可以多举行如中国歌曲的唱歌比赛活动、欣赏古典诗词的"赏诗会"、集体观赏影视作品的"电影艺术节"等一类的活动，以提升国际学生参与和了解学习中国文化的兴趣。让课外作业与活动和课上的教学相呼应，这样可以大大提升国际学生们，对中国文化的理解和学习的兴趣与能力，且这种文化知识的了解和学习也有助于他们更好地理解许多中国语言里的独特用法（例如中国过春节时，所贴的"福"字需倒着贴，意为"福到了"，取"新的一年福气到家"的好兆头）。

我们需要注意的一点是，在文化教育教学的活动时，老师与学生之间、学生与学生之间都必须要注意理解和尊重他人的不同于自己的独特文化。例如，来自印度地区的学生因自己的宗教信仰而对"牛"存在着崇敬之情，而来自穆斯林文化地区的学生则不吃以猪肉为原材料所烹制而成的食物，因而如果班级里有来自印度或穆斯林文化地区的学生，那么老师在讲授中国的特色菜系时，就要注意避开这些方面的敏感问题。与此同时，不仅作为老师在进行文化教学时要注意体贴照顾学生们的信仰与禁忌，避开敏感的、可能引起冲突的问题，我们还必须要注意告诫学生们相互包容来自不同国家和地区的同学们的文化差异，在课上课下都对彼此一些不同的装束（比如来自穆斯林文化地区的女学生日常会佩戴头巾、部分来自非洲国家的学生会喷香水）和行为举动（比如来自日本和韩国的女学生对自己妆容的要求颇高，如果当天她来不及化妆或认为自己头发不干净就会戴口罩和帽子，平日里泰国学生穿拖鞋进课堂上课）等保持尊重和理解。

汉语国际教育的最主要目的是培养学生运用汉语进行交际的能力，

因而我们将实用汉语作为教学的重点，但语言与文化的关系是十分密切的，甚至我们说语言就是文化的一部分。因而语言教学和文化教学不可分割，良好的语言教学效果离不开文化教学的呼应与作用，因而我们必须将二者科学地结合起来，使学生们在掌握实用的汉语交际能力的同时也有着较高的中国文化素养，培养出综合了解汉语和汉语文化的学生，对汉语的国际教育事业起到更好地促进发展和推动的作用，汉语国际教育这一事业将会走得更远。

现阶段，随着教育国际化进程的不断加快及我国国际地位的不断提升，汉语国际教育发展迅速。汉语言文化不断发展，吸引了越来越多的国际学生学习。在此背景下，汉语国际教育的主要教学目标是培养国际学生的汉语交流能力，提升国际学生的语言文化素养。随着"汉语热"的兴起，汉语国际教育及中华优秀传统文化的对外输出越来越普遍，在全球范围内掀起学习中华优秀传统文化的热潮。语言和文化密不可分，在掌握语言语音、词汇、语法等基础后，了解目的语国家的文化习俗，对于激发学习者的学习兴趣、提高学习者的交际能力十分重要。因此，在汉语国际教育中加强中华优秀传统文化教学十分必要。

# 第二节　中国文化课教材的编写与使用

## 一、教材的选择

目前，在中国高校学习汉语的留学生包括语言生和学历生，学历生又分为本科生和研究生。许多高校为留学生开设了中国文化课，但学习的侧重点不同。语言生以学习汉语语言为主，中国文化课一般是兴趣课或选修课；学历生则不同，尤其是汉语国际教育专业的留学生，中国文化课是其课程学习体系中重要的组成部分。一般而言，研究生留学生有较好的汉语基础，理解和学习中国文化较为便利，甚至共享为国内学生开设的中国文化课；本科留学生则不然，他们在汉语语言掌握和运用方面还有一些欠缺，理解和学习中国文化还存在一定的语言障碍，更需要有专门的教材和独享的课堂。相较于留学生汉语语言课教材的编写和使用而言，本科留学生中国文化课"文化"是一个极为宽泛的概念：中国历史悠久，中华文化博大精深，中国文化课程教学内容、考核方式的选择都是比较困难的。比较而言，留学生语言课有汉语水平考试（HSK）作为具体的考量标准，专业课程也有明确的学习内容和考核方式，而中国文化课既没有相对统一的教学内容，更没有相对明确的考量标准，在课程设置方面尚未完备，加之大多数教师在留学生中国文化课教学方面经验不足，多数教材又不够完备，这就造成了中国文化课程教材选择的盲目、困惑与无奈。

目前，介绍中国文化方面的书籍主要有四种编写方式：一是纯粹的中文版图书，内容丰富、信息大、语言书面化，国内高校学生使用的中国文化教材大多如此，如程裕祯所著《中国文化要略》（外语教学与研究出版社）；二是纯粹外文版的中国文化书籍，内容不一，有详有略，以英文版较为常见，如张岂之主编的 *Traditional Chinese Culture*（外文出版社）；三是中外文对照的中国文化图书，大多简明扼要，图文并茂，如国务院侨务办公室、国家汉语国际推广领导小组办公室合作推出的《中国文化常识》（高等教育出版社），有英、德、法、日、韩、俄、泰、西班牙、阿拉伯、印尼等多种语言对照版本；四是辅之以少量外文注释的中国文化教材，一般有课文也有练习，生词、注释有外文参阅，如张英、金舒年主编的《中国传统文化与现代生活》（北京大学出版社）。

大体而言，国内高校学生使用的中文版中国文化教材对于留学生而言内容艰深，语言难懂，图片较少，不适合留学生使用，尤其不适合本科留学生使用。纯粹外文版中国文化教材适合于国外高校或外国自学者学习使用，在中国使用便失去了学习汉语语言的意义。中外语言对照版的中国文化图书最受外国学习者欢迎，但是限于篇幅，往往内容简单，全部译文的对照也会降低学习者的汉语语言探究意识。第四类是专门为留学生编写的中国文化教材，有学有练，有较强的针对性和实用性，更适合留学生中国文化课教学选用。

## 二、教材的编写

众所周知，教材的编写要体现针对性、实用性、科学性、趣味性和系统性等原则。对于留学生本科生中国文化课而言，教材不仅要尽量从整体上较为全面系统地介绍中国优秀文化，而且更要适合这一学生群体的学习需求。具体而言，在以下几方面要有鲜明的针对性：

（一）针对学生的学习基础，难易适度

留学生本科生有一定的汉语基础，但程度有限。大多数学生的汉语水平相当于 HSK 四级左右，在理解汉语书面语方面还有较大的困难。中国文化，特别是中国传统文化的介绍往往涉及古汉语词汇、古文句式的使用，这对留学生本科生来说是很大的语言障碍。因此，留学生本科生中国文化课教材应根据这一学生群体的汉语水平编写，既区别于国内本科生文化课教材，也区别于留学生研究生和语言生文化课教材，语言切忌艰涩，生词不宜太多，课文不宜太长，教师的教学不要纠结于词汇和语法，要让留学生学习中国文化有信心、有兴趣、有收获。

（二）针对学生的年龄特点新颖有趣

留学生本科生大多是 20 岁左右的年轻人，一般是先在本国学习一段时间，再来中国学习汉语，获取学位。他们有的是"2+2"学制，有的是"3+1"学制。总体而言，他们不像研究生那样成熟和务实，而是更多一些活泼和率性。对于纯理论的东西，他们不是特别感兴趣。针对这一年龄特点，中国文化课教材的编写应更注重形象性和趣味性。当然，这并不是说从内容上选择猎奇的文章故弄玄虚，而是指教材的编写思路和呈现方式要将深奥的理论以深入浅出的方式呈现出来，以便学生爱学、乐知。

（三）针对学生的生活时代，时尚实用

中国文化源远流长，任何人穷其一生也不可能学完、学好。对于留学生说，学习中国文化不仅仅是了解知识、陶冶情操，更主要的是学以致用。留学生本科生大多很年轻，对时尚感兴趣，往往对课堂上学到的能用于实际生活沟通与交流的知识更感兴趣，比如新词、流行语、网络语等。对于中国文化而言，如果能将所学知识在现实生活中感受、运用，他们会更喜欢，也更有收获。因而，教材的编写要展示中华文化的精髓，还要贴近时代生活。有些内容如过年磕头、放鞭炮以及婚嫁时红盖头、闹洞房等习俗已不再适合今天的时代，不必为猎奇而大书特书、大讲特讲了。

## 三、教材的使用

目前，许多高校所开设的留学生本科生中国文化课一般都是一个学期，一周2课时，总共36个课时。一方面，中国文化课涉及的内容很多很广；另一方面，课时少，课文难，生词多，文化课教学确实处境尴尬。中国文化课既需要有得力的教材辅助教学，更需要教师在教学过程中灵活有效地使用教材、指导学生学习。

中国文化课期待有更多、更好的教材问世，然而任何一本教材都不可能完美，势必存在这样那样的不足和缺憾。教师是教学活动的主导，教材的使用具有很大的灵活性。教师在使用教材时要充分考虑到教学目的、教学对象和教学环境等因素，处理好以下几个关系：

### （一）文化教学与语言教学

留学生本科生有自己的专业，但是无论哪个专业的留学生，汉语语言都是其在华学习的一个重要方面，汉语国际教育专业的留学生尤其如此。因此，很多留学生习惯性地把汉语语言学习看成中国文化课的重心所在，有意无意地在课文生词、语句、语法等方面下更多功夫，而忽略了文化学习本身。

中国文化课的教学要处理好文化教学与语言教学的关系。语言教学是文化教学的基础和依托，但文化教学不是为语言教学打工，不宜在文化课上用大部分时间处理语言问题。教师要紧扣教学目的使用教材，将学习重心放在讲授中国文化方面，紧紧围绕这一教学目的开展教学活动，不能将文化课变成语言课的简单的听、说、读、写第二课堂。教师要在不偏离教学目的的情况下，充分发挥教学的主动性和灵活性，根据教学目的选择主讲篇目，适当增减教学内容。在课文语言障碍方面，简化词汇教学、语法分析，采取课前预习或课上点到即止的方式，不要在词汇、语法等方面过多纠结，让文化教学成为课堂的重心。

（二）理论学习与实践活动

中国文化课是理论课，也是实践课，要灵活处理好二者的关系。一方面，不要死抠教材，只采取理论讲授的教学方式，要与实践相结合。除了采用多媒体教学让学生形象感受之外，还可根据教材内容采取动手制作、亲身体验等教学方式。文化课教学不能局限于课堂环境，可以充分利用高校所在地区的文化资源优势，让文化课走出课堂实地进行教学。在条件允许的情况下，可以让留学生去一些历史文化景点或参与一些文化活动亲身感受中国文化，进一步激发他们学习中国文化的兴趣，从而更好地体验、理解和运用课堂所学内容。

另一方面，要注意实践活动与所学内容相结合，不是为了简单调动学习者的兴趣和积极性而设置教学实践活动，不要把中国文化实践课变成单纯的手工课、活动课乃至参观、旅游活动。文化实践是为了体验课堂所学内容，教师在设计实践课时要有明确的教学目的、周密的安排部署，在实践课教学中仍然起到组织教学的主导作用。

（三）课内学习与课外学习

中国文化涉及的内容很多，大部分对于留学生说比较陌生，没有亲身实践往往无从感受。如前所述，中国文化课课时有限，加之还要受到教学成本所限，教学实践课，尤其是大规模的实践活动不可能经常进行。

教师进行中国文化课教学，要指导学生处理好课内学习与课外学习的关系。一方面，在学习某一专题时，预先了解学生的生活经历，鼓励有相关经历的学生积极参与教学活动，带动教学。另一方面，留学生大多喜欢旅游，喜欢参与社会活动，喜欢上网浏览，教师根据所学内容及时为学生推荐影视作品、文化网站、旅游景点、文化活动等，指导学生把书本学习与生活实践结合起来，既弥补课堂集体实践有限的缺憾，也成为留学生精彩生活的好参谋。

综上所述，留学生本科生中国文化课是尚在建设中的课程，在教材编写与选用方面还有很多问题有待思考与解决。编写优秀教材，灵活使用教材，更好地实现留学生本科生中国文化课教学目标，传授中华优秀文化。

# 第四章 国际中文教育课程体系

## 第一节 汉语国际教育中的教学现状

### 一、对中华优秀传统文化教学的重视程度有待提升

现阶段，汉语国际教育已在很多院校开展，可有效促进国家文化软实力的提高。从汉语国际教育的现实情况看，少数院校对中华优秀传统文化教学的重视程度不够，没有意识到中华优秀传统文化教学对于汉语国际教育发展的重要性，在开展汉语国际教育的过程中并未开设更多中华优秀传统文化教学的相关课程。部分院校虽开设了相关课程，但是并未合理地进行课程设置，也未能针对中华优秀传统文化进行教材的编写。为促进国际学生更好地了解中华优秀传统文化，加深对汉语国际教育的认知，学校需加强对中华优秀传统文化教学的重视。

### 二、中华优秀传统文化的教学内容有待完善

汉语国际教育与国内的汉语教育存在一定的差异。汉语国际教育面向的学生是来自世界各地的，不同国家的语言习惯、文化背景均存在较大的差异，这就对中华优秀传统文化教学提出更高的要求。从现阶段汉

语国际教育的开展情况来看，中华优秀传统文化教学的内容缺乏一定的针对性，并未充分遵循因材施教的教学理念，对教学内容进行合理的编排，未能根据不同国家文化背景的学生科学设置教学内容。不同国家的学生对于中华优秀传统文化的认知度和认可度有待提升，教学内容针对性不足会影响国际学生学习的效果。另外，少数院校在课程设置时存在一定的失衡现象。应根据汉语国际教育的实际情况和学生的实际学情，完善与优化中华优秀传统文化教学的内容和课程设置。

### 三、中华优秀传统文化的教学方法有待更新

在汉语国际教育中融入中华优秀传统文化是非常必要的，但是由于国际学生在文化认知上存在较大的差异，给教师的教学工作增加了一定的难度，需要汉语国际教育教师采用科学有效的方法加强国际学生对中华优秀传统文化的了解。实践中不仅要让国际学生意识到中华优秀传统文化的魅力，还要使其了解中华优秀传统文化的发展历程，从而使国际学生产生深入了解中华优秀传统文化的兴趣，感受其内在的文化内涵与魅力。

现阶段汉语国际教育中对中华优秀传统文化的教学仍存在"灌输式"教学模式，部分国际学生被动地接受知识，缺乏主动思考的意识，中华优秀传统文化难以真正被国际学生接受并认可，难以获得理想的教学效果。

### 四、教师自身的素质有待提升

在汉语国际教育中，中华优秀传统文化的教学质量在很大程度上受

到教师自身素质和教学能力的影响。在对中华优秀传统文化教学进行优化的过程中，要注重对教师自身素质和能力的提升，促使他们具备丰富的文化素养。通过自身的教学激发国际学生的学习热情，促进他们对中华优秀传统文化产生浓厚的学习兴趣。

从目前汉语国际教育对中华优秀传统文化教学的实际开展情况看，少数教师在文化素养与教学能力方面有待提升。教育相关部门要加大对中华优秀传统文化教学师资队伍的建设，打造高素质的中华优秀传统文化教学团队，提高汉语国际教育的影响力，为汉语国际教育的发展提供良好的师资保障。

# 第二节　优化国际中文教育课程

## 一、课程设计

### （一）教学方法

中华文化国际中文教学课程设计阶段，需要实现海量教育资源的有机整合，在教学内容调整的过程中，开拓多元化教学资源获取路径，确保课程脉络清晰可见，教学目标与学生的发展需求相契合。国际中文教学的主要内容包括汉语知识、跨文化交际能力，课程教学流程包括知识引导、自主学习、合作探究、实践评价等多个方向，将国际中文教学分为多个课程模块，制订适合学生的长短期发展目标。从教学内容、教学实践、教学方法、教学评价等多个层面，分析国际中文教学课程建设需求，提出全新的中华文化国际中文教学实践路径，满足新时期高素质、复合型人才的培养需求。

在教学内容调整的过程中，需要了解主要的教学任务以及单元教学信息，国际中文教育设置的教学任务具有复合性、多元化的发展特点，学生通过实践探究掌握听、说、读、写等基本技能，理解中华文化中蕴含的精神意向。在中文学习的过程中，在脑海中构建与学习内容相对应的场景与意境，为学生带来丰富的情感体验，教学内容调整需要从传统的词汇学习延伸到古代汉语言。在实践探究中明确古代汉语与现代汉语的差异性，了解中国古今文化传承与融合的发展方向，从源头上提高学生的汉语水平。教师通过课前的教学准备工作消除重复出现的知识点，确保项目教学的稳定落实。国际中文教育课堂设计需要适当融入文化知识，通过统一训练掌握正确的中文发音，明确中文篇章阅读的基本规律，在中文文章朗读中做到抑扬顿挫、节奏鲜明，在词语讲解中可分为多音字、多义词等多种类型，根据学生的实践反馈帮助学生突破学习难点，让学生能够正确地理解中文语言结构和词汇的搭配规律。

在中文阅读的过程中，向学生宣传中国优秀的古代文学作品，在中文文章创作阶段学会使用多元化的修辞方法，将汉语句子和汉语篇章作为重点的练习对象，在文化传承上让学生体会中文蕴含的独特意境。通过交流与实践，主动探究中西方的文化差异，培养学生跨文化交际能力，整合汉语课堂的单元教学内容。整理与分析教材重难点知识的同时，通过互联网平台获取优秀文化教学资源，将中国传统文化融入课堂教学中，唐诗宋词等中国耳熟能详的词句与当前的社会生活存在密切联系，在古诗词学习与背诵中，为了让学习者更好地了解中国文化，可以通过多媒体技术的应用，以动画场景搭建的方式，将古诗词想要传达的意境直观形象地展示在学生面前。

在古诗词鉴赏的过程中了解中国著名诗人的生平故事，从中接触到不同历史时期中国的文化背景，在中文拼音教学阶段，跟随教师准备好的 CD 反复进行短篇朗诵，在教师的引导下掌握拼音的阅读节奏，分析英文注解与汉语备注之间的词性关系。在作品分析过程中，了解中文句式背后抒发的深刻情感，教学内容的调整让学生脱离教材知识的束缚。

（二）教学安排

1. 课前准备

在课前准备阶段，教师需要熟练地使用现代化信息技术进行课程资源整合，提取出教材中的重难点信息，根据项目课程改革的基本原则梳理课程知识点，建立适合学生的人才培养方案。调整教学大纲制作教学 App，在信息平台上进行教学资源共享，向学生分享教学视频和章节测试题，让学生对接下来的教育内容有一个充分认知，发挥课程之间的联动性作用，培育教学评课程体系。

2. 课中实践

在教学实践设计的过程中，成立对外汉语教学实训室，为学生提供自主交流实践的机会，以学生沟通能力、中文应用能力的提高为主要目标，培养学生汉语学习的综合技能，选择适合学生的教学方式。坚持以学生为主体，教师发挥教学引导性作用，采用案例分析法、任务引导法和多媒体实践，为学生打造翻转课堂，发挥信息技术的联动性作用，开展线上线下混合式教学。实践课设计需要参考新文科建设的根本要求，根据当前学生的实际情况，打破传统课堂教学的局限性，建立国际中文教学实训平台，加强校企合作。与社会汉语培训机构建立联合教育机制，为学生提供单位实习的机会，在实践探究中有效应用课程中掌握的国际中文职业知识，根据专业特点改善人才培养方案，加深学生对中华文化的认识与了解，要求学生在实践探究中提高个人的职业技能。

3. 课后总结

在这一环节，教师需要详细记录课堂上学生的表现，分析学生对新知识的掌握情况，充分发挥出互联网平台的联动性作用，为学生布置课后作业，让学生自主通过网络信息平台获取海量教学资源。在学生的脑海里形成真实的实践画面，教师要求学生利用唱歌或朗诵的方式练习中文发音，激发学生对文化知识的学习兴趣，利用网络平台的直播共享功能，帮助学生巩固知识，在课后复习阶段弥补学习的不足，跟上教师的教学步伐。

国际中文教学课程改革受到了社会各界的广泛关注，建立的对外汉语教学素养课程联动性项目已经取得了阶段性成果，选择合适的教学方法有助于提高实践教学成效。基于中华文化的国际中文教学课程设计，需要了解学生当前的文学素养和中文学习特点，设定明确的教学目标，选择易于接受的教学内容，严格划分教学重难点，丰富课堂实践流程，选择适合学生的教学方法。常用的教学方法有情景演绎教学法、多媒体教学法、体演文化教学法。

4. 情景演绎教学法

教师需要充分利用多媒体技术，根据学生的实际生活环境创设实践教学场景，围绕具体的教学目标帮助学生在视觉感悟中，将所学的知识信息与生活实际进行有机结合，在进行中文知识积累的同时，明确中文语句适用的生活场景。通过视频、图片等方式，直观形象地将文化内容展示在学生面前，将中文独特的意境和情感呈现给学生，要求教师具备良好的多媒体操作能力，将重点知识信息整合到一起，设计出幻灯片、剪贴画和教学视频等辅助性教学材料，用细致入微的语言，引导学生有感情地进行文章朗读。有意识地控制中文朗诵时的抑扬顿挫、重轻音转化、语速，让学生能够掌握中文朗读的节奏，引发学生的情感共鸣。围绕教学主题设置启发式问题，在教学引导阶段帮助学生打开思路，发挥想象力，主动寻求实际答案。而教师也要不断提高个人的专业技能，丰富现有的语言技巧，保证课堂教学成效。

5. 多媒体教学法

运用现代化技术手段，将重点教学内容以图片、画面、视频等方式直观地展示在学生面前，营造一个三维立体的实践场景。多媒体教学的应用优势在于将复杂难懂的文字信息直接通过画面再现，在古诗词讲解中有着良好的教学效果。只需要用简单的图片与文字，就能够真实有效地诠释诗词描绘的意境和图画。还可以将重点教学内容通过多媒体技术以歌曲的方式展现出来。音乐无国界，在音乐鉴赏阶段激发学生的情感体验，在实践教学设计过程中融入音乐元素，让学生直观地体会到音乐的美感。

6. 体演文化教学法

该教学法吸收了中国传统哲学的"知行合一""学以致用"的思想，

在特定的文化环境内，通过角色扮演的方式展现出多元化的文化行为，在体验与演练中加深对文化的记忆，让学生能够熟练自如地运用汉语交流互动。营造一个家庭交流互动场景，让学生通过角色扮演的方式分别演绎西方家庭的交往形式和中国家庭的交往形式，在特定的语境下学习中国的文化礼仪，严格规范个人的文化行为，在未来的实践交往过程中能够根据对方的行为特点，了解对方的精神诉求。在交流与探讨阶段，教师要求学生针对文化信息发表个人的意见和想法，提高学生对中华文化的认同与理解。体演文化教学法在课堂设计阶段的应用需要搭建良好的实践场景，由教师进行行为引导，坚持以学生为主体，帮助学生掌握语言和文字在不同语境中的动态变化，从而保证课堂教学成效。

7. 自我反思

教师可以通过课堂记录的方式，让学生了解个人在课堂上的实际表现，总结未掌握的知识信息，认识到学习习惯和学习思路的不足，在教师组织的交流实践场景中，与其他同学进行互动沟通，学习他人身上的闪光点，借鉴他人的学习行为，调整个人的学习思路。自我点评、自我反思是一个深刻了解自身的过程，利用网络学习平台主动参加每单元的教学测试，对当前的学习成果有一个清楚认知。

8. 教师点评

教师点评需要记录学生的平时成绩，不能以考试结果作为唯一的评价标准，而是需要分析在不同时间节点上学生的学习情况，建立全过程评价体系，从多个角度、多个层面分析学生的中文知识掌握情况，坚持目标评价与价值评价并重，引导学生树立正确的价值取向。整理学习阶段影响学生学习效果的非智力因素，打造开放式的评价体系，实现评价与教学之间的有机融合，尊重学生的主体性作用。教师要在课堂实践中观察学生的实际表现，对学生的成长情况进行详细记录，及时与学生进行交流互动，了解学生对中文知识学习的态度，教师需要熟练地使用线上模拟考试的方式，通过 App 向学生下发测试试卷，根据学生的最终成绩进行教学解析。模拟考试工具是线上教学评价的重要辅助手段，能够达到快速评价的目的，但在线评价不能单独使用，要与小组互评、自我反思等多种评价方式进行有机结合，考试成绩只能作为学生评价的参考项，不能完全替代全过程评价和动态化评价，要关注学生的实践表现。

9. 小组互评

小组互评是将学生分为多个学习小组，通过辩论演讲、作文评比等多种竞赛形式，让学生在小组合作中认识到个人的缺点和不足，要求小组成员分别对组内成员的表现进行客观评价。评价过程并不是找缺点和问题的过程，而是要认可学生的学习方法和学习思维，坚持表扬与建议并重。利用现代化实践教学工具，整合线上海量教学资源，小组成员利用课余时间通过网络渠道完成教师设置的实训任务，通过在线评价的方式，按照小组成员当前的个人能力进行任务划分，进而提高学生的学习积极性，赋予学生全新的学习动机。

国际中文教育工作需要持续推进，就要注重发挥时代发展与教学改革的联动性作用，剔除重复性的教学内容，引进现代化信息技术，打造良好的实践教学环境。结合学生的个性化发展需求，有针对性地进行教学方法的搭配与使用，同时建立全过程评价、全员评价的动态化评价机制，根据当前学生的实际生活环境，借助网络信息平台将中国文化、历史和优秀文学知识直观形象地展示在学生面前，从而全面提高课堂教学质量，培养出社会发展所需要的国际复合型、高素质人才。

## 二、学科设计

### （一）学科建设的重要性

国际中文教育要成为一门公认的学科，需要对学科属性、学科体系、学科研究方向有明确的认识。从国家教育部门颁布的学科专业目录看，国际中文教育属于教育门类，但并未指明学科地位。是否认可这一归属，国际中文教育界至今分歧很大，因此学科建设处于徘徊状态。这是因为一方面，由于大部分教师在学校职称评定等方面的所属学科定位于文学门类，对归属的转变相当一部分人还不能够适应，这是导致国际中文教育自身学科研究力量不足的重要原因；另一方面，由于学科建设和专业建设具有相互影响的作用，人们对学科归属的认识不足，客观上影响了国际中文教育专业的培养，现有的大量专业硕士以及博士学位论文表明用教育方法进行研究的并不突出，影响了学科研究成果的积累。与上述两方面相联系的，就是国际中文教育界还部分存在着对学科和专业建设的模糊认识。

学科是按知识分类的，专业通常情况下是按职业或工作岗位划分的。40多年的国际中文教育专业建设目前已体系化、系列化，影响力超过了学科建设。而在这一过程中，存在着将专业建设当作学科建设的现象，这也是导致学科建设至今未有重大突破的原因之一。

学科知识体系的构建，是国际中文教育界面临的重大问题。任何学科都有它自洽的知识体系，其中术语系统起到了重要作用，使其区别于其他学科。目前，国际中文教育面临的问题之一是和外国语言学及应用语言学的区分，如果两者的研究方法和术语系统基本相同，那么国际中文教育看起来应为后者的分支学科，这显然不符合国际中文教育的实际。要突破这一情况，就得充分挖掘中文在语言和文字的国际化教育方面有别于其他学科的特征，将其体系化、术语化。如果从这一立足点出发，将国际中文教育形成一门归属教育门类的独立学科的目标就有可能实现。

（二）学科划分

学科的发展是由研究支撑的。有了明确的国际中文教育学科归属，就能确定研究范围。国际中文教育的研究当然包括国际中文教学，但有人将国际中文教育等同于国际中文教学，也就是将其看作是一种语言教学，这使研究范围难以跨越现有目录上的学科。从历史的发展看，国际中文教学不是国际中文教育的全部。语言教学是将语言作为工具，语言教育是将语言作为文化。因此，国际中文教育本质上是一种中华文化教育。如果有这样的认识，新的研究方法、研究范式才能产生，国际中文教育的研究就能和政治、经济、文化、传播等方面结合起来，使其除了教学之外的各方面作用都能得到充分发挥，从而促进国际中文教育在全球的发展。

## 三、教学体系的创新

（一）加强专业教育，合理设置课程

专业的认知影响学生对专业的接受和融入。刚进校园的新生对专业的认知和期待是模糊的，对于专业的培养目标、就业定位、课程设置、专业特点及优势等并不了解，对于专业所需的理论知识、基础能力、专业素养认识还不太确切和明晰。因此，有必要在新生入学时专门开设专业认知或指导类的相关课程，通过系统性的讲解、介绍和有针对性的引导，让学生了解专业的发展历史、学习要求、专业优势、就业去向等，把实践能力的培养及应用作为专业建设的基础和专业发展的方向，特别强调沟通交流的语言能力、表达能力和跨文化人际交往能力等的重要性，以便学生在未来的学习过程中有所准备，并有针对性地学习和强化，从而建立必要的专业意识和专业定位。

课程设置是承载专业教育目标的重要载体和基础环节。汉语国际教育更加注重语言知识、语言理论教学与实际应用能力的结合，更加注重英语类语言课程和双语教学专业课程的应用化特点。在课程设置上，要融入"一带一路"倡议，以国际化、长远化为方向，把实践能力教学作为专业课程的重要一环。因此，汉语国际教育专业的课程设置上要更加突出第二语言教学相关理论的学习与应用，增加中国传统文化及"一带一路"沿线国家的文化研究，以帮助学生在今后的工作中营造融洽自如的教学氛围。教学技能的训练是学生作为教育者的基本要求，在《普通高等学校本科专业类教学质量国家标准》中对教学能力培养的课程有指导意见，第二语言习得概论、第二语言课堂教学概论、语音与语音教学、语法与语法教学、词汇与词汇教学、汉字与汉字教学、现代教育技术等课程可以作为专业课程开设，提高专业学生的教学实践能力。中华才艺类课程是汉语国际教育专业的特色课程，中华才艺（中国女红劳动）、中华才艺（武术）、中华文化（中国饮食）等课程均有开设。

在对外传播过程中，如何生动有效地传播中国传统文化，历史悠久、声名远扬的中华才艺就是非常好的切入口。中华才艺兼具观赏性和学习性，可以采用表演展示、指导操作、上手实践等多种形式，让师生在共同动手实践中感受到中华文化的魅力，还将教学的知识点融会于实践中，起到寓教于乐的效果。在汉语国际教育专业 160 分的总学分中，实践类课程的学分占比 38.86%，专业建设高度关注实践课程的开发与实施，重视学生实践能力的培养。

（二）构建多维平台

努力构建课上课下、校内校外、线上线下的多维实践平台，拓宽实践的维度，进一步加强合作，整合服务于人才培养的优质资源，实现高校与境内外教学科研机构联合培养，校政、校企联合培养，跨校跨院联合培养。课堂上实现理论与实践结合，开展多角度的课后实践工作，布置课外的实践拓展作业，引导学生开展实践学习。在"一带一路"倡议下，长沙的留学生数量增多，在校外可以指导学生建立一对一"语伴沉浸式实践教学"，开展"互助语言帮扶志愿者"活动，自愿报名参加，自主结成一对一辅导留学生汉语的搭档。在校大学生教留学生学汉语，留学生教本校大学生学外语，不仅英语，还有其他小语种。跨境线上汉语教学与实践搭建线上线下实践平台，以课程的形式组织学生进入线上教学平台，以小组的形式形成教学实践。课程考核以小组为基础，针对学生的个体表现形成差异性评价。以课程形式要求学生进入跨境线上教学平台，有利于所有学生参与线上实践平台，保证了全体学生进行平台实践。同时，平台实践具有可延续性，学生在课程结束后仍然继续实践，不断提高实践能力。

（三）改革实践教学方式，增加实践能力考核比重

建立科学、规范的考核评价机制专业建设中，实践教学主要包括课程实验、集中性实践和创新实践三个环节。实践能力的培养要落实在三个实践教学环节中。课程实验要依托于各任课教师的课堂设计，在制订教学大纲时，教师应该提出导向性的意见，要求各科任教师在教学中遵循提高实践能力的宗旨，在实践教学时长、内容、方式和成效上均须考虑汉语国际教育专业学生对外汉语教学的能力要求。集中性实践环节是专业改革实践教学方式较好开展的部分。因为，这个环节的开展主要由专业集中组织，有利于专业教师集体讨论形成统一性意见，避开了科任教师不同教学理念间的冲突。

落实集中性实践环节对提高学生实践能力有重要意义，可以适当增加集中实践的学分比重。在学分受限的条件下，可以考虑优化集中实践教学内容，改革考核方式，建立更科学、规范的考核评价机制，推动学生深入开展实践，真正锻炼个人实践能力。

首先，教育见习可以增加与企业合作的机会。从事在线汉语教育的企业正在蓬勃发展，它们有着各自的优势和资源，学校拓宽与它们合作的渠道，就可以为学生提供更多的教授外国学生汉语的机会，而学生的跨文化交际能力也得到了磨砺。其次，"汉语教学技能展示"的课程容量可以增加。作为直接展示学生的跨文化交际知识修养和技能、课堂教学能力、现代化信息技术使用能力等汉语教师基本功的课程，虽然其学时一般只设置一周，但是课前准备和课后总结的时间可以大幅增加，教

师可以在课程开始前指导，在课程完结后组织学生进行过程回顾和经验分享。再次，教育见习可以进入真实的跨文化交际情境中去。一方面，与国内具有留学生资源的高等院校特别是兄弟院校合作，或者组织学生现场观摩留学生汉语学习课堂，或者让学生以助教身份参与教授留学生汉语的实践中去；另一方面，与"一带一路"沿线国高校签订对外汉教实习项目协议，选派学生赴沿线国进行汉语教学实习。而接下来的教育研习则可以就教育见习中遇到的跨文化交际问题进行思考、剖析、讨论、研究和反思。在教学中，要积极利用教育研习环节，教育见习学生做好总结反思，有利于学生将实践所得内化于心；教育研习组织优秀学生代表作实习汇报和同学间交流经验，师生在实习后共聚一堂，将优秀经验进行分享，这样可以启迪智慧，增加成功的经验。专业教师可以编写优秀案例，将历年的优秀学生经验编写成册，采用案例库和影像集的形式，提供给学生作为学习案例和实习前的培训材料，将会实现较好的教育意义。

## 四、重视对华侨、华人的汉语教学

在全世界 4000 多万名汉语学习者中，华人、华侨学习者竟占 70%。对他们来说，学习汉语不仅是保持自己的语言，或学习一种语言，还有更深层的文化含义，那就是对中华文化的认同。因此，在对华人、华侨的汉语教学方面，大力培养了解本地情况的合格师资，编写针对性强、更具本土特色的教材，以丰富多彩的中国文化吸引学习者，采用符合当地教育传统的教学方法，提升华人华侨汉语学习积极性，是汉语国际传播中十分重要的问题。华人华侨学习者是一个特殊的学习者群体，他们有着自己的语言文化背景，有着深远的中国文化渊源，处在一个复杂的学习环境之中，中国传统的语言教学理念深深地影响着他们。因此，必须专门研究、编写专门的汉语教材。华文教学具有自身的特点，我们应据此全面思考有关华文教学的问题，针对华人、华侨的特点，加强华文教学的教材、教法和师资问题的研究。

## 五、着力化解所谓的汉语难学问题

### （一）学习难度影响因素

#### 1. 成语的语义透明度

语义透明度，指的是词语的整体语义可以从组成该词语的各个词素的语义推知的程度。就成语而言，语义透明度越高，越容易从成语各词素的意思中直接获得成语的整体意思。如成语"一心一意"，其含义为：专心做一件事，心中只想要做的事情。该成语的整体意思可从"一心"和"一意"的意思中很容易推知出来，因此"一心一意"的语义透明度较高，学生容易掌握。

#### 2. 成语的常用度

成语的常用度，指成语在人们日常生活中使用频次的高低程度。对于留学生，在日常生活中常用度较高的成语在能够满足他们学习需求的同时，还能在真实的语境中进行较高频次的使用，便于掌握。除此以外，一些与学习者母语词汇中常用的、匹配度较高的汉语成语受母语的正迁移影响，也能够降低学生的学习难度。

3. 成语的读音与书写

从调查结果中不难看出，由于成语错读、误读现象的出现，会造成学生在实际交际中的理解错误或表达不畅等问题。同样，有成语读音掌握不准确还会影响其在汉语水平考试中听力题的答题情况，进而影响学生整体汉语水平测评结果。在汉语水平测试中，阅读理解、写作部分也会出现成语相关的题目。因此，成语的书写是否正确也会影响学生的整体汉语水平。

在汉语走向世界的过程中，不应忽视"汉语难学"这一国际上广为流传的偏见及其负面影响的存在。有一种误解认为汉语很神秘、很难学。虽然这是个伪命题，但它对汉语学习者的影响却不容低估。故先应突破这一观念的束缚，并结合教学实际努力化解所谓"汉语难学"的问题。赵元任说过："各国语言里不同的方面各有难易，平均说起来么，我觉得中国语言在世界上，对于没有学过任何语言的孩子，可以算是中等，也不特别难，也不特别容易。"因此，为了将学习者引进门并能保持学习的兴趣，我们应进一步科学审慎地论证和试验"先语后文"的教学模式，特别是针对母语文字为拼音文字的汉语学习者。在初步掌握汉语口语之后，可以较为顺畅地把汉字教学和认知理论有机结合起来，突破汉字教学的瓶颈，全面发展汉语语言能力。还应根据不同的学习目的、学习时间、学习环境，合理安排汉字学习内容，灵活多变地处理汉字教学。所谓"汉语难学"，在很大程度上说的是汉字难学。因此，冲出汉字学习的峡谷，便会快速走上汉语学习的坦途。深入探索不同区域、不同教学环境下的各种有效的教学方法和教学模式，化解汉语难学问题已迫在眉睫。

### (二) 努力探索海外汉语教学规律和文化传播功能

探索对世界有影响力的, 与国际第二语言教学潮流同步的, 基于汉语和汉字特点的, 适应各种学习群体和学习需求的, 丰富多彩的海外汉语教学模式, 仍是重要的研究课题。教学模式、教学方法不求整齐划一, 一定要适合当地的实际情况。还要关注海外学习者有效的学习时间, 适当考虑教材的内容量, 兼顾学习者的学习动机, 选用学习者感兴趣的言语内容, 因地、因人、因时地开展汉语教学。应针对不同的学习对象和目的, 探讨汉字的认知与学习规律, 突破汉字教学和学习的瓶颈。还应借鉴世界第二语言教学已有的成功经验, 适当采用目前流行的各种有效的教学方法。汉语国际教育现阶段的根本目标是: 以较为轻松的学习方式, 用较短的学习时间, 使更多的海外学习者走进汉语、学习汉语, 并且能乐于学下去。

国际汉语教育的主旨是努力拓展汉语教学, 同时传播中华文化。我们应将汉语教学方式、方法的研究与文化传播途径、方略的研究同时进行论证。目前, 国际汉语教育中的文化传播有些急功近利, 过于直白, 多少带有为介绍中华文化而讲文化的倾向。我们应该研究如何与学习者的本土文化相结合, 如何克服中外不同话语体系和不同文化差异所带来的障碍, 用国外学习者容易接受和理解的方式介绍中华文化。在世界第二语言教学中, 目的语文化的传授已经置于一个更宏大的背景之下, 呈现出全球化和多元性的趋势。学习者在自身文化和异文化的交流与碰撞中, 不断领悟与体验, 文化不再作为学习的对象, 而是作为学习的背景,即文化的学习应该是润物细无声、耳濡目染、潜移默化的。这种理念对国际汉语教育的教材内容和教学方法提出了新的要求。我们应该研究汉语与中华文化如何契合，在汉语教学广泛推进的同时，让中华文化大步走向世界。

我国哲学大师冯友兰先生在 95 岁高龄写完七卷本《中国哲学史新编》后，临终前最后的遗言是：中国哲学将来一定会大放异彩。我们深信，我们的母语——汉语——与其所承载的厚重的中华文化，随着祖国的日益强大，必将更快地走向世界，大放异彩。

中国目前正处于走向富强的历史进程当中，汉语国际教育要面向和服务于这样的时代潮流，使教学适应当前中国变化了的现实，以及今后变化的前景，促进与世界各国的相互理解，尤其是让世界各国众多的人们理解中国的发展变化。与此新形势相关，汉语国际教育师资培养工作也要主动进行适应新任务的调整和变化。有学者提出："随着汉语国际推广事业的发展，面向汉语教学志愿者的培训，面向海外中小学汉语教师的培训，基于互联网的汉语教师培训会逐步在我们的教师培训工作中占主导地位。"可以看出，汉语国际教育师资培养工作与以往相比最大的变化是日益走向多样化、多元化。因此，要设法使我们的培养工作适应这种新形势的要求，从理论和实践等多方面研究汉语国际教育师资培养问题。

随着汉语国际教育的发展和时间的推移，汉语教学的对象也在不断发生着变化，汉语国际教育事业以及从事这项事业的汉语师资，只有适应变化了的现实才能求得更好的生存和发展。教学要向前进一步发展，就要走向对中华文化的传播和跨文化交际，走向对中华文化和世界文化的理解，而文化的理解要通过学习者自身的文化探索来实现和完成。我们需要世界理解中国，我们也需要更好地理解世界，而这些都需要通过跨文化交流完成。语言则是其中最为重要的媒介，不知其（跨文化交流的双方）所言，则不知其所思。汉语教学和中华文化传播所面临的新任务实际上对汉语国际教育师资提出了更高的要求，也对相应的师资培养工作提出了更高的要求。

# 第三节　课程优化升级的意义与必要性

## 一、学科学术的意义

### （一）明确学科定位，构建并完善学科体系

近年来，随着汉语走向世界的步伐加快，以往在中国语境下的对外汉语教学已经不能涵盖世界范围内蓬勃发展的国际汉语教育。我国以接收外国留学生学习汉语为主的对外汉语教学，正以积极的姿态参与并融入国际汉语教育发展和建设的更大的洪流之中，成为其重要的组成部分。这就为我们传统的对外汉语教学研究带来了无限的机遇与挑战。今天的国际汉语教育是不是一个学科，这个学科目前所面临的最大挑战是什么，都是值得我们研究和探讨的。

我们认为，国际汉语教育承袭了对外汉语教学学科研究的传统，是一个内涵更深、外延更广的学科。该学科目前所面临的问题是，社会上对它的性质和地位还存在诸多误解与偏见。从对外汉语教学到汉语国际

教学，再到国际汉语教育，本学科的内涵更加丰富、体系更加完备、视野更加开阔、范围更加广泛、研究理念更加先进、研究成果更加丰厚。国际汉语教育的学术定位属于第二语言、外语教学。学科定位属于应用语言学。学科内涵为基于大汉语概念的汉语作为第二语言、外语教学，下辖国内的对外汉语教学（汉语作为第二语言教学）、海外的汉语作为外语教学。外延则包括国内外汉语作为第二语言、外语教学的教学、研究、教学管理，汉语教师的培养与培训，以及汉语国际传播和汉语国际推广的相关工作。

之所以称作国际汉语教育，是因其涵盖面更宽，不仅仅是汉语作为第二语言外语教学，随着国际汉语教学的推进，还伴随着中国文化在世界范围的介绍与传播。加强汉语教学与文化教学之关系的研究，探索国际汉语教育中的文化传播方略与模式，也为题中原有之义。自从已故语言学大师王力先生提出对外汉语教学是一门学科以后，对外汉语教学在业内已逐渐形成一种共识，公认对外汉语教学是一个学科。如今这个学科内涵与外延正在扩大，基于这种需求，业内确立了以汉语国际教育职业需要为目标的国际汉语教师的三大能力培养，即：汉语作为第二语言教学能力、中华文化传播能力和跨文化交际能力。此外，为适应海外汉语教学环境，还特别强调汉语课堂教学组织与管理能力的培养，以及教师基本素质的养成与教师的自我发展，为国际汉语教师培养与培训的课程体系的建设明确了方向与目标。

（二）学科研究更加精密化，开拓研究领域

国际汉语教育学科研究的范围不断扩大，并日益精密化。汉语作为第二语言习得研究、汉语课堂教学技能研究、适合海内外的汉语教材的研发与创新研究、中国文化及其传播研究、跨文化交际研究以及不同国家和地区汉语教学的课堂教学案例研究都在蓬勃开展。

近年来，特别是围绕着国际汉语教育所开展的跨学科研究与交叉学科研究得到加强，现代教育技术广泛应用于汉语教学之中，多媒体汉语教学、网络汉语教学以及远程汉语教育有了长足的发展。汉语作为第二语言，外语教学研究与心理学、教育学融为一体，学习理论与第二语言习得研究取得新的成果，学习者语言研究（中介语研究）、第二语言习得模式、习得顺序、习得规律、习得特点研究成果显著。但学习者个体因素研究因起步较晚，还比较薄弱，特别是对学习者学习动机、学习兴趣、学习策略、学习风格与学习持续性的研究，仍有待加强。

（三）学科研究进一步走向科学化、规范化

国际汉语教师的培养与学习者语言能力的培养，以及国际汉语教学课程设置与课程内容的确定等，均需系统性和标准化。有关标准只能由汉语的故乡中国产出，并应与国际通用标准相衔接。国际汉语教师标准、国际汉语能力标准及国际汉语教学通用课程大纲三个标准的出台，是国际汉语教育界的标志性成果。培养合格的国际汉语师资，是发展国际汉语教育的关键。国际汉语教师既要兼通中外两种语言，还要兼容中外两种文化；既要热爱国际汉语教学事业和中华文化，还要有国际化的视野和跨文化交际能力；既要懂得语言教学的一般规律，又要有适应不同的教学环境，具备因地制宜、因材施教的教学应变能力。要培养合格的国际汉语教师，除了应具有一整套科学的培养程序之外，还必须有一套完备、合理、规范的测评标准。国际汉语教师标准，从语言教学和语言学习、汉语教学法、中国文化与跨文化交际、汉语教学课堂教学组织与管理、汉语教师素质与自我发展等方面衡量教师。这个标准可以用来提供汉语教师资格认证，也可以作为评估教学质量的标准，还可用来评估课堂教学与管理。而有了国际汉语能力标准，学习者就可以根据自己可能完成的任务预期自己所达到的汉语能力。有了课程大纲，在字、词、语言点、话题内容教学，以及教材编写的规范控制方面，就有了科学的依据。今后，要进一步将这些标准深化和细化，建立具有可操作性的测评细则和培训计划。从建立标准，到设计实施细则，再到具体测评，三位一体，是一项系统工程，今后应加强后两项研究，特别需要将这些标准与国际通用的相关标准相匹配，以便在国际上得到更广泛的使用和认可。

（四）更加重视汉语国际传播方略研究

目前，国际汉语教学主要在三个层次上展开。孔子学院主要是满足当地社区学习汉语多样化的需求，外国大学中文系是培养汉语专业人才，各种类型的华文学校是以华人华侨子女为培养对象。在这三个层次上，应具有不同的汉语传播方略。为适应国际汉语教育发展的新变化，服务于国家发展战略研究，适应不同层次的教学需求，开展了对不同国家、不同地域、不同语言文化背景的汉语教育研究。为应对国际汉语教育出现的新形势，开展了对国际汉语教育学习者低龄化研究，对学习者学习动机多样化研究，以及对教学环境多元化研究。

总体看来，"三教"（教师、教材、教法）问题的研究，日益成为研究的重点。所谓汉语教师对海外汉语教学环境的诸多不适应，汉语教材的编写不能满足海外汉语学习者的需求，汉语的课堂教学方法不完全适合海外学习者的学习习惯等，说到底，还是对汉语作为外语教学的基本理论研究不够，特别是对汉语本身的特点以及汉字的特点在海外汉语教学中如何体现研究不够。如何把汉语作为外语教给不同教学环境下、不同需求的学习者是一个根本的研究课题。也就是说，考察新时期海外汉语教学的科学规律，探求适合海外的汉语教学法，还是我们面临的主要研究课题。与此相关的是，汉语作为第二语言教学的相关因素研究，还有待加强。譬如对海外汉语教学环境的研究，以及对海外汉语学习者个体因素的研究还相当薄弱，有些领域还是空白。

（五）从比较研究中寻求自身的发展

汉语作为第二语言、外语教学，有其自身的特殊性，还应从比较教育学的角度与其他语言作为第二语言教学进行比较研究，还应对世界上不同流派的汉语作为第二语言教学进行比较研究。有比较才能有鉴别，才能不断创新。我们应该研究汉语作为外语教学带有规律性的东西，要研究具有普遍指导意义的东西。作为一门学科的国际汉语教育，与其他语言作为外语教学既有共性又有个性。共性不必说，个性就是要体现汉语语音、词汇、语法的特点及其书写系统汉字所独具的特色。只有掌握了汉语作为外语教学的普遍规律，当我们走向世界各地进行汉语教学时才能结合当地的实际情况，开展有针对性的教学，形成当地汉语教学的特色，打造蓬勃发展的国际汉语教学宏伟局面。

近年来，汉语作为第二语言教学的教学理念不断更新，专家对教学模式的研讨十分热烈，多有收获。为了保持并发扬近百年来汉语作为第二语言教学法的优良传统，对在汉语土壤上滋生并日趋完善的汉语作为外语教学法，或称综合教学法，应从理论与实践上予以提升，并与时下世界第二语言教学潮流相契合，融入其中，形成具有影响力的汉语作为外语教学法，真正立足于世界第二语言教学法之林。

## 二、课程优化的必要性

国际中文教育是我国部分高等学府开设的一个专业，其前身是汉语国际教育，而后更名为国际中文教育。其创设的目的是为了培养熟练掌握"汉语+外语"的语言教育人才，实现汉文化的国际化发展。而语言人才的培养中，课程的合理设置就显得尤为重要。在汉语学习的过程中，学生由于长期使用汉语，因此，知识的学习相对难度较低，而外语知识的学习却存在一定的难度。而通过合理的课程设置，则可以有效降低语言学习难度，如采用情景教学或游戏教学等创新教学方法，再如慕课等在线视频形式，这些课程上的优化，更加有助于提升学生的学习兴趣，帮助学生理解语言知识中的抽象知识点，进而将外语知识牢牢掌握。由此可见，对汉语国际教育课程问题探究意义重大。

## 三、汉语国际教育课程教学现状

### （一）课程设置存在差异

开设国际中文教育的高等院校很多，而这些院校在课程的设置方面也存在一定的差异，体现其教育的特色。通常，这些院校在汉语国际人才培养方面，其课程设置均为"汉语+外语"的形式，而一小部分院校在鉴于英语覆盖范围广泛的情况下，开设了汉语、英语、某外语，三门课程同修的情况，其目的是为了让学生以另一种语言表达形式，向国外学生讲述汉文化知识，进而使这些学生能够学好汉语知识。

（二）教学任务完成较好，自主学习能力较差

在汉语国际教育课程开展的过程中，很多教师都在用心地教授学生，而学生也会配合着教师的教学活动开展，因此，教学任务的完成情况相对较好。但从学习动机角度来看，很多学生都是出于为了未来有一份好工作而学习，而非发自内心的喜爱，故学习的主动性不高，进而对其学习效率产生一定影响。

# 第五章　国际中文教育的意义

## 第一节　汉语国际推广担负重要使命

作为推动人类文明进步的重要力量，教育具有交流传播共享文化知识的天然属性。改革开放以来，教育是全球聚集一流人才、助推国际科技、人文交流的关键方式，来华和出国留学是教育对外开放的重要组成部分。因此，在新的时代背景下，国际教育在对外开放交流中肩负着更加重大的使命。

### 一、国际教育推进国际化发展

#### （一）国际教育的内涵

当下，实现国际交流高质量发展，让国际教育在提升中国文化软实力和世界影响力方面发挥更为重要的作用，是国际教育面对的必答题。很多人提到国际教育，想到的就是出国留学或者越来越热的来华留学教育，其实这对国际教育概念的理解有些狭隘，停留在具体操作层面。联合国教科文组织认为，国际教育应该给年轻人提供了解世界性问题的知识，培养他们对于世界性问题的关注和解决世界性问题的能力。国际教育以责任、公正、平等、自由、包容、和谐、人性等为核心价值，倡导加强不同文明、文化之间的相互理解、相互尊重和相互借鉴，以构建更加包容的世界，促进世界和平、合作与交流，建设人类共同的美好未来。

随着世界多极化、经济全球化、社会信息化、文化多样化的深入发展，世界各国的关联前所未有的紧密，政治、经贸、人文等交流合作更加频繁和广泛，形成"你中有我我中有你、相互依存、共同发展"的局势。人类要共同面对世界发展中的诸多问题，寻求共同的价值观，画好同心圆，在求同存异、和而不同中，共谋发展、共同进步，而不是通过退回到某个历史时代解决目前的问题。所以，从这一点上说，国际教育更加具有划时代的意义。

因此，国际教育为中国教育与世界教育的互学互鉴提供平台，同时也为分享中国教育现代化经验，为世界教育发展贡献中国智慧提供平台。国际教育学院是进行国际交流与合作、实施国际化发展战略的重要窗口。向世界传播和谐是中国政府和人民的一项伟大而长远的事业。而在传播中国文化的多种手段和途径中，语言和语言教学所承载的分量最大。因为，语言是文化最重要的一种载体，是文化赖以构建和传承的最主要手段和形式。汉语国际推广作为国家的发展战略，具有传播中华文化的优势，具备推广和谐世界理念实现世界多元文化和谐发展的有利条件。

（二）汉语国际传播的优越性

1. 汉语本身就表现出中国"和谐""中庸"的思想价值观

从词语的角度看，汉语中构成了一个以"和"为语素的庞大词族系统。"和"族词语数量众多，在《汉语大词典》有293个，《辞海》中有

86 个,《现代汉语词典》中有 47 个, 在新词更新最快的中华在线词典中可搜索到的 "和" 族词有 815 个。祥和、谦和、缓和、和气、阴阳调和、风和日丽、和光同尘等美好的词语在汉语中俯拾皆是, 这些词语的类聚, 又构成了以 "和" 为语义中心的语义网络。也就是说, "和" 族词的形成、发展及表意等方面都蕴含并体现了中国传统文化的和谐的价值观。从汉语语言的运用上看, 追求言语表达上的中庸、和谐是汉语的一大特色。汉语表达在形式上追求整齐和参差的对立统一, 在语音上追求抑扬顿挫、轻重缓急的配合; 在表意上讲究显隐适度; 在意境上追求意境相生相和。例如, 中国人说话讲究平仄, 表意时常常因顾及听话人的心理感受而使用委婉语。这些都表现出中国人追求均衡、和谐的文化心理。语言本身就是一种文化力量和文化模式, 人们习得了这种语言, 也就把其中包含一切文化观念、文化价值、文化准则、文化习俗的文化符号深深地融入了自己的思想和行为之中。汉语本身所承载的和谐价值理念、思维方式、审美情趣等文化信息, 能够潜移默化地对汉语学习者产生影响, 为他们提供认识世界、感知万事万物的新角度。从这个意义上说, 汉语教学本身就是中华文化的展示和传播。

2. 汉语国际推广不光教汉语, 还教文化

通过汉语国际推广的不仅仅有汉语, 还有历史、文学、戏曲、书画等艺术文化形式。中国历史上的民族大融合缔造了牢固的中华多民族大家庭; 中国文学围绕人与自然、人与人、人与社会、抚慰心灵、陶冶性情、悦心抒怀、感奋人心, 洋溢着祈愿人间安定、国家统一的基调; 中国的书法、古琴、文人绘画注重人与自然的和谐, 身与心的和谐, 善的

内容和美的形式和谐；中国戏曲内容上注重理性与情感的和谐，形式上唱、念、做、打讲求恰如其分、刚柔并济。上述这些都是和谐精神的具体体现和多元发展，可以通过汉语国际推广的课堂教学、各种文艺表演以及各类文化读物展现出来、传播出去。

一方面，历史、文学、艺术等内容，作为课文编排在语言教材中，学习者在感知、领会、理解、欣赏语言文字的同时，对于中国的文化传统、国情背景，特别是对于中国人重视和谐的思维方式、情感和心理、人际交流，甚至民俗习惯都能有较为深入的认知与了解；另一方面，教师为了达到更好的教学效果，在教汉语时也会介绍相关的文艺、历史、地理、哲学、科技、风土人情等文化背景知识，特别是在学习者发生文化误读时，能够给予及时、正确的引导。

3. 汉语国际推广推动不同文明的和谐互动

对外推广中国文化，并不是要排斥其他文化，追求一尊独大，而是要加强不同文化之间的沟通和交流，使多元文化在求同存异中和谐发展。然而，当今世界仍是以英语为载体的西方文化处于强势和霸权的地位。实现多元文化的和谐发展，就必须打破"西方中心"的束缚，中国文化走向世界就是一个很好的契机。

众所周知，语言是文化的载体，文化的多元化依赖于语言的多样性，语言推广虽然不能说是实现全球文化多元化的唯一途径，但绝对是最重要的途径。汉语在世界范围内的传播也是中国文化在世界的传播，汉语推广的过程就是世界各国认识、理解、接纳中国文化，认同"和谐"思想的过程，汉语推广的结果则是中国文化在全球化进程中占有一席之地，成为多元文化的重要组成部分，从而在实现不同国家、不同文化"互补共存、共同繁荣"的"和谐世界"建构中产生深远的影响。

(三) 国际中文教育的重要性

改革开放以来，我国与其他国家的经济联系越来越密切，其中语言起着承上启下的作用，语言是双方沟通的主体，是文化、政治、经济能够发挥出作用的纽带，是能够使双方获得深厚友谊的见证。所以，我国也就更加关注汉语在国际中的推广意义，成为相关学者重点关注的对象。在全球化的进程中，语言是彼此交流的一种工具，是文化传播的一种载体。从 1990 年起，我国逐渐成为世界第二大经济体，积极开展了外交活动，与许多国家都建立了良好和谐的贸易合作关系。在与各国合作的过程中，中国在世界的地位与影响力也在加强，逐渐形成"汉语热"的潮流，假如国外公司工作人员能够掌握汉语，那么就更有机会获得贸易上的优势。

2013 年"一带一路"倡议正式提出，这是各国人文交流与经贸合作的新平台。在这项巨大的工程中，就需要大量的汉语人才，这样才能够搭建一个良好的汉语学习交流的平台，为优秀的汉语人才提供一次宝贵且具有意义的工作机会。在"一带一路"的发展下，国内外都在贮备汉语国际教育方面的人才，在很多的国家及地区都已经开设了汉语课程，学习中国文化。根据不完全统计，国外通过各种方式学习汉语的总人数已经远远超过三千万人。

1. 汉语教育的推广

在世界各国的经济推动下，各国的软实力都在逐渐增强，就汉语推广传播的成果而言，已经能够明显看到有很多外国人开始学习汉语，他们喜欢中国的传统服饰、文化、节日等内容。此外，我国也有很多的国外留学生，学习汉语已经成为一种主流，学习的内容还包括很多方面，有的人纯粹是为了交流而学习，有的人是为了研究中国文化而学习。所以，我国对那些想要认真学习汉语与中国文化的学生放宽了要求，在书法、语言、武术、音乐、烹饪等方面都十分接纳海外留学生。

2. 引进国外优秀人才和输出本国优秀人才

虽然我国目前还是发展中国家，但是我国充满着无限的机会与可能性，有着很大的发展空间。在汉语国际教育推广的同时，不仅能够为我国寻找到一些国外的优秀人才，为他们提供一个新兴的学习环境与氛围，还能将我国的优秀人才输出到国外，学习他们的优秀文化技术，为我国日后的发展培育人才资源，从而达到"双赢"的目标。在全球化的影响下，各国的经济链正在不断交融发展，使得语言与经济的关系越来越紧密。

目前，市场上已经出现以语言教育为主要内容的产业，该类型产业带来的利益是双向的。一方面，能够发展我国的汉语教育，开设相关语言学校与培训机构，在解决就业问题的同时创造收益。另一方面，语言的教育需要通过设备、教材等进行教学，通过影像、音频等媒介进行传播。这就加大了教育服务与相关文化的对外出口，能够接纳越来越多的留学生，提升了我国经济水平。

3. 促进双边贸易的顺利融洽

国际贸易交流中最大的困难就是语言不通，需要依靠严格准确的语言翻译，否则就会造成一些误解。各个国家之间可能会有文化上的差异，所以如果双方能够使用同一种语言交流，且在了解这个语言的特点及其文化背景下进行商务谈判，就能够让整个谈判更加顺利融洽。因为，我国积极与其他国家进行贸易往来，且在不断地推动汉语国际教育。通过上述的内容可以发现，我国对汉语教育的重视程度越来越高。在将汉语推向国际的过程中是稳扎稳打的，没有局限在哪个领域或是哪个方面，在各国经济政治的综合影响下，朝着最佳的方向推广着。全球化已经是时代的产物，语言是人们互通的关键，汉语在国际中的传播也是促进我国不断发展进步的有利因素，不仅对我国整体形象、民族自信、合作交流有着深厚的影响，还能够促进各国之间的合作交流，从而促进世界经济的共同繁荣。

（四）汉语国际教育的必要性

语言是促进相互理解的重要媒介，文化理解不能脱离语言而实现，否则仍然会有隔膜，难以达到真正的理解。汉语国际教育就是要以打破隔膜为目的，推进汉语教学在世界上的发展，这样才能与大国的国际地位和国际社会对大国的期许与要求相适应。

所以，在汉语国际教育事业的背后有重大的国际利益和我国的国际责任所在，我们也期望借此由"文明的冲突"走向"文明的和谐"，后者是对国际社会各方都有利的事情，汉语国际教育事业也正是由于满足了国际社会的迫切需求，并且对各方都有利而得以迅速发展。汉语国际教育是在中国以往进行的对外汉语教学的基础之上超越性的大发展，反过来也激活和促进了对外汉语教学的新发展。汉语国际教育给对外汉语教学带来了巨大的影响。这个影响不仅是学生人数的增加、孔子学院数量的增多，更是给传统的对外汉语教学从理念到方法都带来了冲击。在我们考虑"三教"问题时，海外的汉语教学实际也挑战着我们的教学。大量的外派教师在呈现传统教学方法的功效时，也吸收了海外汉语教学的经验，并把它们带回国内，丰富了他们的实践性知识。

## 二、国际汉语教育引导学术研究

近年来，在世界范围内学习汉语的人数呈现较快的增长趋势。孔子学院采取中外合作的办学模式，以传播汉语和中华文化。促进多元文化发展为宗旨，是中华文化走出去的一大创举。从汉语教学角度看孔子学院，其汉语教学属于多层次的、学习需求多样化的、学习者构成复杂的、学习时间相对较短而又缺乏连续性的非学历教学。为了提高学习者的学习兴趣，吸引学习者，并留住学习者，必须改变以往在对外汉语教学中所存在的教学手段落后、模式单一、情景缺乏的状况，采用以学习者为中心的互动式教学。汉语教师要善于用当地学习者乐于接受、容易接受的方式教授汉语，以鲜活、生动的教学形式，学习者感兴趣的学习内容，大幅度提升孔子学院和孔子课堂的教学质量，充分调动学习者的学习积极性。孔子学院的兴起促进了国际汉语教育事业跨越式的发展，也为国际汉语教育提供了深入研究汉语教学的广阔平台。

孔子学院、汉语志愿者教师和汉语国际教育硕士专业学位，此三者是国际汉语教育事业中前途广阔的新生事物，为国际汉语教育研究工作开辟了新的领域。诸如孔子学院的汉语教学模式和中国文化介绍与传播模式研究，专业学位的课程设置体系与实习实践体系研究，国际汉语教育师资培养与培训体制及培养模式研究等，都具有广阔的研究前景。从长远的眼光来看，最重要的是大力培养本土化的汉语教师。深入比较不同语言文化的异同，探索汉语教学本土化的教学方法，编写本土化的汉语教材，让本土化的汉语教师现身说法，提升汉语学习者的学习积极性。今后，国际汉语教育的大发展仍将推动本学科学术研究前沿，引导本学科学术研究的走向。

# 第二节　中华优秀传统文化教学的必要性

## 一、是中华优秀传统文化传播与发展的需要

在汉语国际教育中，一方面，教师需讲解基础的汉语语言基础知识，另一方面，需在汉语教学的过程中，传播与推广中华优秀传统文化。中华优秀传统文化是中华民族的根和魂。传承与发展中华优秀传统文化是每一个中国人的责任，也是教育事业发展的重要目标。近年来，伴随着我国综合国力的不断提升，加强对中华优秀传统文化的传承与发展已成为推动我国经济社会发展的重要内容。通过对中华优秀传统文化的教学，使国际学生能够更全面、具体地了解中国的传统文化，从而感受中国文化的魅力。在中华优秀传统文化的吸引下，激发国际学生学习汉语的热情，提高国际学生的汉语语言能力，使他们能准确地使用汉语，促进汉语国际教育的发展。

## 二、符合人才培养的时代需求

随着我国国际地位的不断提升，汉语国际教育在全球范围内受到高度重视。在汉语国际教育发展的过程中，培养优秀的汉语国际人才十分必要。现阶段汉语国际教育需进一步提高人才培养的质量。目前，许多高校相继开展了汉语国际教育，但是在课程方向上相对单一，缺少一定的实践性。在全球化视野下，从现阶段国际交流的情况看，只有充分了解各国的文化，才能更好地运用语言进行交流，促进各国间的经济贸易往来和文化的沟通。通过在汉语国际教育中加强对中华优秀传统文化的教学，可完善汉语国际教育的课程体系，符合当今时代人才培养的需求。

## 三、符合汉语国际教育对教师的发展要求

近年来，我国教育相关部门高度重视汉语国际教育，不少院校相继开展了汉语国际教育。但是，部分院校在师资力量方面还存在一定的不足。一方面，汉语国际教育教师自身的专业水平和教学能力难以满足汉语国际教育发展的需求，相关业务能力有待提升。另一方面，汉语国际教育教师的数量相对较少，急需加强师资队伍建设，引入优秀师资，并提高汉语国际教育教师的素质和水平。现阶段汉语国际教育对于教师的要求，主要包括对语言知识的掌握、先进教学方法的运用及语言文化的积累等。少数汉语国际教育教师自身的语言文化积累相对薄弱，需要加强对中华优秀传统文化的学习，以不断提升自身的文化素养，更好地开展中华优秀传统文化教学。在汉语国际教育中开展中华优秀传统文化教学，也为专业教师的文化素养提升和发展提供了动力，指明了方向。

## 四、提升学生的综合水平

### (一) 让国际学生了解中华文化

文化教学是国际中文教育中必不可少的重要组成部分，贯穿于国际中文教育全过程。无论是教材中的交际文化，还是知识文化，其背后都蕴藏着丰富的文化内涵。初级阶段的学生主要学习基础语言类知识，满足简单的交际需求，但国际学生如果单纯学习汉语发音、词汇和语法，则无法和中国人进行深层次交流，甚至会因为不理解中国人的文化观念而产生误会。比如，中国人日常打招呼常提问对方正在做的事，学生可能会觉得这是明知故问，甚至觉得是侵犯隐私。教师需要为学生说明这种打招呼方式常见于熟人之间，并不需要对方作具体回应，这就像西方人见面询问天气一样常见。在了解这一文化差异之后，学生避免交际中不必要的冲突，更快地适应中华文化。

### (二) 增强学生的学习兴趣

国际中文教育课堂通过文化教学增强学生的学习兴趣和求知欲望。文化教学要选取学生喜闻乐见的文化点，即兴趣点，只有让学生建立与文化点的情感联系，才能保证持续有效的知识输出。国际学生最感兴趣的话题是节日文化、饮食文化和中华传统才艺；对于中国建筑和中国文学感兴趣的人比较少。了解学生的兴趣点之后，可以"投其所好"，比如中华传统节日、各地饮食风俗，这些是中国人千百年生活经验的积累，节日庆祝方式多种多样，美食烹饪方法也千差万别。通过给国际学生介绍感兴趣的文化项目，可以活跃课堂气氛、调动学生积极性，增强其学习兴趣。

## （三）提高学生的汉语水平

近年来，关于语言和文化关系的讨论已经从二者"能不能结合"转变为"怎样更好地结合"。语言是一种符号系统，每种符号系统都带有其特有的文化烙印，而习得和使用一门第二语言则必须同时学习和适应这门语言赖以生存的文化。汉语语言中包含博大精深的中华文化，人物对话中的日常问候语、祝福语等都蕴藏着丰富的文化内涵。比如一句简单的"你好"和"您好"，体现了中国人恪守的尊卑秩序；询问别人意见时的"敢问"和"赐教"，体现了中国人的虔敬观念；询问别人年龄时的"您老高寿"，反映出对年迈者的尊敬。汉语交际能力的提高不能简单地依赖语言知识的学习，只有了解这个民族语言背后的文化内涵，才能在语言交际中恰当地运用，达到顺利交流、融洽沟通的目的。

## （四）促进国际间的文化交流

国际中文教育课堂是不同文化交流碰撞的场所，第二语言学习者在理解中华文化的基础上，讲述自己国家类似的文化形式，不同国家、不同文化背景的学生，既可以学习中华文化，也能通过相互分享接触多种多样的文化形式。以京剧教学为例，教师在文化课上向学生介绍京剧的行当、唱腔以及京剧脸谱之后，可以让学生介绍自己国家类似京剧的艺术形式，比如韩国的假面舞、印度尼西亚的哇扬戏等。通过师生间的交流分享，学生不仅接触了京剧文化，同时了解到其他国家的文化，让中外文化在同一个舞台绽放各自的魅力。学生讲述不同国家类似的文化形式，可以调动其积极性，拓展国际化视野，促进文化交流沟通，树立平等交流的价值观，理解文化"各美其美，美美与共"的理念。

# 第六章 国际中文教育的人才培养

## 第一节 专业应用型人才培养

### 一、应用型人才培养模式问题分析

#### (一) 培养目标不够明确，未能体现自身特色

科学合理的培养目标是促进教学活动顺利开展的重要基础，也是构建汉语国际教育专业应用型人才培养模式的依据，就当前情况看，虽然汉语国际教育专业已经成为各个学校的重要专业，但是在这一专业的发展过程中还存在诸多问题，比如未能确定合理的培养目标，给汉语国际教育专业应用型人才培养模式的构建带来较大挑战。具体讲，部分学校在设置人才培养目标的时候，未能充分考虑到自身办学的定位、特色和条件，甚至直接套用其他学校的培养目标，这就使得汉语国际教育专业的目标定位比较模糊，无法将学校自身的专业特色充分体现出来。

#### (二) 课程设置不够合理，缺乏专业特点

首先，在进行汉语国际教育专业的课程设置过程中，主要是以培养目标和专业定位作为参考依据，但是在培养目标及专业定位都不够明确

的情况下，整个课程设置存在较严重的照搬套用的情况，难以体现创新性、针对性等特点，不利于汉语国际教育专业的持续发展。

其次，在汉语国际教育专业发展的过程中，师资条件未达到要求，使得该专业的课程设置存在规范性不足、差异较大等情况，无法满足人才培养的实际需求。

最后，部分学校对汉语国际教育专业的认识不足，将其看作是汉语和英语两门专业的相加，导致课程设置不够科学，严重影响到汉语国际教育专业应用型人才培养的整体质量。

（三）实践环节设置不足，理论与实践脱节

为了实现汉语国际教育专业应用型人才培养的目标，必须进行系统化的理论教学及实践教学，使学生能够充分理解并掌握专业知识，并学会将其运用到实际生活中。但是受各方面因素的影响，比如师资力量不足、缺乏实践场所、缺乏实习场所等，导致实践环节设置较少，难以实现理论教学与实践教学的有效结合，使得学生的实践能力处于较低的水平，无法满足我国对汉语国际教育专业应用型人才的需求。面对这种情况，需要重视对实践环节设置的优化，促进理论教学与实践教学的完美结合，从而提高人才培养的质量，促进学生知识、能力及素质的协调发展。

（四）教学方法及教学手段不够先进

随着我国教育改革的深入发展，专业理论课程的授课时间越来越少，使得教师很难在有限的时间内完成教学任务，无法保证学生的学习质量。由于课时较少，教师以传统的教学方法进行教学，讲解教学内容，学生处于被动的学习状态；且学生之间的互动性不足，难以保证学生的学习效果。同时，教师对现代网络技术、多媒体技术等教学手段的运用不够灵活，无法保证课堂教学的生动性，且教学内容不够丰富，导致学生的学习积极性不足，严重影响到教学工作的整体效果。

## 二、专业应用型人才培养模式的构建分析

### （一）明确人才培养目标，突出自身特色

在汉语国际教育专业应用型人才培养过程中，首先就要明确培养目标，其主要就是以教育目的为指导，将教育对象培养成不同类型的人才。只有确保培养目标的合理性，才能够保证汉语国际教育专业应用型人才培养的质量。比如将"培养汉英双语能力、汉泰双语能力、具备良好教学能力的人才"作为培养目标，且汉语国际教育专业应用型人才应该充分了解不同国家的文化，做到能够胜任国内外各类学校的汉语教学工作，或是能够从事于文化管理、新闻出版等各项工作。为了保证培养目标具有自身的特色，需要对自身的学科优势、办学条件、办学背景及办学层次进行分析，在发挥地缘优势的情况下对培养目标进行定位，从而确定汉语国际教育专业应用型人才培养的发展方向，逐渐形成能够体现自身特色的培养模式。

### （二）调整理论课程设置，优化课程体系

作为汉语国际教育专业应用型人才培养的核心部分，良好的课程体系对培养学生各方面能力素质有着较为重要的影响和作用。这需要根据人才培养的需求合理调整，在进行课程设置时，首先需要充分考虑到汉

语国际教育专业人才培养的"应用型"特点，确保人才能够充分掌握应用型人才需要的基础知识及基础理论，且课程设置应该将汉语国际教育专业的示范性、涉外性、文化性及工具性等特点充分体现出来。其次，需要充分了解社会的人才需求，结合学生的发展，对课程设置进行调整。通过专业前沿课程进行人才培养，使其能够具备良好的社会适应能力，促进汉语国际教育专业应用型人才培养的多元化发展。同时，在学习专业前沿课程的过程中，学生的实践能力、知识获取能力及科研能力也将不断增强，还可以达到培养学生批判性思维能力的目的。

（三）重视实践教学体系建设，突出能力培养

首先，需要对实践环节设置进行优化，完善实践教学内容，使其能够体现出国际性和综合性等特点，重点培养学生的跨语言及跨文化的交流能力。其次，需要对实践教学条件建设进行强化，通过实训基地培养学生的综合能力，使学生能够在良好的环境下进行语言及教学实训；还可以利用有限的条件进行中华才艺的实训，促使学生能够熟练掌握各项技能。同时，需要建立国内外实习基地，使学生能够从实践中获取更多的知识和技能。

（四）加大师资培养力度，优化教学方法及教学手段

对于汉语国际教育专业应用型人才培养的发展来讲，具备稳定、充足的师资力量是非常重要的，需要进一步加大师资培养力度，充分满足汉语国际教育专业发展的需求。若是师资力量不足，那么课程开设的难度较大，进而影响到汉语国际教育专业人才培养的整体质量。具体是引进高层次人才，也对现有的师资进行培训，将师资的潜力充分发挥出来。

除了要加大师资培养力度，还要对教学方法和教学手段进行优化，利用研讨式教学、启发式教学等各种教学方法提高教学效果，促使学生积极参与到学习活动中。在培养学生创新能力及思维能力的同时，使学生能够形成良好的自主学习意识。对于教学手段的优化，需要加强对现代网络技术及多媒体技术的运用，以此提高教学质量，为学生提供更加丰富的教学资源，使学生的知识水平和技能水平得以不断提升。

（五）加强专业教材建设，提高教学内容的针对性

在构建汉语国际教育专业应用型人才培养模式时，应该充分认识到教材建设在学科建设中的作用。若是教材建设存在问题，那么人才培养的质量将受到较大的影响。就当前情况看，汉语国际教育专业的教材建设还存在一些问题，比如《中国文化概论》《古代汉语》《现代汉语》等面向汉语国际教育专业编著的教材较少。面对这种情况，首先需要进一步加大专业教材建设的力度，根据教学大纲和培养目标对不同的教材进行筛选，比如高等教育统编教材、国家重点规划教材及新出的优秀教材等都是具有一定价值的。其次，在教材编写时，让专业教师参与其中，以此提高教材内容的针对性，使其能够充分满足学生的实际需求，促进汉语国际教育专业应用型人才培养工作的顺利开展。

# 第二节　国际中文推广体系的优化路径

## 一、统筹推进汉语国际推广

汉语国际推广在向全球展示和传播中国和谐文化和思想理念方面有

着得天独厚的优越性，应大力加强并使之成为建设和谐世界的助推器。我国已从国家战略的高度阐明了汉语国际推广工作的迫切性和重要性，提出了汉语加快走向世界的指导思想及政策措施。当前，中国的综合国力持续提高，世界各地对于汉语学习的需求也在日益增长。这种形势给汉语国际推广带来了良好的发展机遇，也使汉语传播取得了丰硕的成果，中国文化及其和谐理念正在被越来越多的人理解和接受。

（一）科学推广汉语方式

在汉语国际推广快速发展的同时，我们也应该清楚地看到汉语还没有成为强势语言，汉语国际推广也不可避免地遇到了前进中的瓶颈。为了保证汉语国际推广事业长远、健康、快速地发展，全国人民都应该积极行动起来。在思想上，我们要高度重视中国传统文化的传承，并充分认识到汉语国际推广的重要性。汉语国际推广的领导者和执行者要有全局的观念，要站在人类历史发展的高度，增强向世界传播中国语言文化，让和谐思想深入人心，让优秀的中华文化为世界和平与和谐做出应有的贡献。在具有崇高理想的同时，也要有科学的方法和踏实的作为。

1. 对内建构和谐的语言生活，守护民族精神家园

当前正值汉语在世界各国受到广泛欢迎的重要时期，而中国国内的汉语教育却处于"内冷外热"的尴尬局面。国内在升学、就业等领域存在着明显的轻母语、重外语（尤其是英语）的倾向。再加上西方国家各种途径的语言传播和文化产品输出，在很大程度上冲击了国内的本土语言文化，进而使很多国民的心理产生了西化的趋势。要想让其他国家的人民学习和认同中国的语言文化，就要首先在国内建构和谐的语言运用

平台。

一方面，要大力推进语言文字规范化，在国家机关、教育机构、新闻媒体、公共场所等领域推行普通话和规范字，出台相应的管理监督机制，尤其是要在学校教育中注重培养青少年对国家通用语言文字的热爱；另一方面，要处理好通用语和方言、少数民族语言的关系，使其在国民语言生活中形成和谐互补的局面。在此基础上，要开展多种形式的社会文化活动，努力营造浓郁的传统文化环境和氛围，特别要在教育界大力倡导以提高民族文化素养为目的的文化素质教育理念，使以和谐为核心的民族语文化得以传承，并有机地融入国民的深层意识中，成为中华民族精神家园持久的凝聚力，以此向世界展示和谐文化的伟大魅力。

2. 提高汉语教师的水平，增强文化推广的力度

数量稳定、质量过硬的师资队伍是汉语国际推广顺利发展的前提和保障。但目前，汉语教学师资队伍在数量和质量上都难以满足需求，有些汉语教师只教汉语，不教文化，更缺乏传播中国文化的意识和使命感。切实提升汉语教师的整体水平，要求汉语教师不仅要对汉语本身的内容和规律有深刻的认识，更要具有深厚的传统文化底蕴、广阔的国际视野、较强的跨文化交际能力和熟练的国际汉语教育技能，以及传播中国语言文化的热情和使命感。因此，应当以我国高校在汉语教师培养方面拥有的完整的学历教育体系为基础，严格按照《国际汉语教师标准》筛选和训练，建设一支从事海外汉语教学和文化推广工作的高水平师资队伍。

国外学习汉语的人分布在不同国家、不同年龄段，他们有各种各样的文化背景和目标需求。因此，汉语教材的编写与出版必须针对海外学

习者的多种需求，编写面向不同类型学习者的汉语教材，同时配套相关的多媒体资料乃至网络资源，以便有利于学习者对中国语文化的理解和接纳。特别需要强调的是，应在汉语教材中体现出更多的文化因素，通过各种途径，将中国的社会礼仪、风俗习惯以及主体价值观念传播出去。

3. 政府支持民间运作，鼓励社会团体参与汉语推广事业

中国国家汉语国际推广领导小组是统一领导和协调汉语推广工作的专门机构，具有较为明显的官方色彩。作为汉语国际推广最主要品牌的孔子学院，目前也主要以政府拨款的方式开办，这种模式容易给其他国家造成一定误解。我国政府应坚持汉语推广的国家战略，在政策和资金上给予有力的支持。但要将推广汉语的宣传工作和执行工作主要交给社会团体和民间组织操作，淡化国家行为印象，尽量避免因误解而对汉语走向世界造成阻碍。

在世界各国都对中国语言文化产生浓厚兴趣的今天，以孔子学院为代表的汉语国际推广有着广阔的市场前景。因此，可以使其走产业经营之路，以"官助民办"的模式发展。"民相亲则国相交"，语言文化的民间渗透力可以达到潜移默化的效果，从而使各国人民在精神和心理层面接受汉语，使汉语国际推广和中国文化传播达到更好的效果。

4. 加强同海外华侨的联系，促进资源整合

我国对海外华人开展的汉语教学是联系海外华人与祖国情感的纽带，也是他们传承和弘扬中华文化的基础。全球几千万名海外华人是扩大中国文化辐射圈的重要力量，对维系中国及其所在国家的关系起着重要的作用。由国家主导的汉语国际推广拥有广为人知的品牌项目和大批教学

科研队伍，但对国外的具体情况了解有限；海外华人汉语教学工作者熟知当地教育发展的情况，更了解当地的法律政策，但在教材编写、师资培养方面又有许多缺陷。因此，二者应各取所长、交错互补，华人汉语教学应汲取汉语国际推广的教学经验，共享其研究成果，促进自身发展；汉语国际推广也要充分利用华侨资源，不断扩大中国语言和中国文化在国际上的影响力。

文化是民族的，也是世界的。"和"的思想是中国传统文化的精髓，是中国人的智慧、中国人的哲学。汉语国际推广就是要把中国语文化中的和谐文化传播到全世界，使各国人民了解、欣赏、尊重和接纳中华文明，共同为维护世界和平、推动人类和谐、促进共同发展贡献自己的力量。"伟大的时代孕育了伟大的事业，伟大的事业成就了伟大的时代"，汉语承载着中华民族五千多年的灿烂文化和现代文明，必然能将一个开放的中国、发展的中国、和平的中国展现给全世界。

## 二、优化学校教育体系

### （一）理念引航：师生交互模式的重新构建

智能意识是智能素养的逻辑起点，国际中文教育领域也应以理念转变为发端，领航全新的教学技术观。一是强化智能意识，持融通思维，打通国际中文教育学科知识与现代智能技术的"墙垣"，推进国际中文教育与教育技术间的有机融合；二是坚守以人为本的理念，教师的智能素养是为进行更好的因材施教，实施差异化、个性化育人；三是避免"唯技术"论，人工智能作为"教学助理"能够协助教学及管理工作，但本质还是带动教育回归教育之本源，促进人的全面发展，人工智能的英文缩写为"Al"，用汉语拼音来读就是"爱"，科技的运用只为更好地帮助师生进行精神情感的传递与碰撞，不能因噎废食，失去教育的人文温度。

（二）优化人才培养模式，重塑课程体系

高校应将国际中文教师智能素养纳入人才培养方案，一是增设人工智能、互联网技术与教育的理论与实践课程；二是职前职后培训一体化发展，强调终身学习。采用线上学习、线下培训交流的方式，充分实现教育资源与信息的共建共享，解决区域教师专业化发展不均衡。针对职前、职后教师设置不同水平的课程，定期穿插专题讲座交流会，创设集培训、交流、答疑、记录、监督、测评于一体的教师智能素养培训平台，运用严谨、科学的评价体系对学习进程进行评估；三是从经验分享、理论讲解、技术展示的传统模式，转向重视参训教师的实际需求与实践困境，侧重关注国际中文教师的个性化诉求。

（三）环境创设：跨情景、沉浸式的线上线下教学"同心圆"

一是创设虚拟学习社区，构建教师发展共同体。创设全球化的国际中文教师信息学习与交流平台，设置工具学习专区，同时，分设国别、区域平台，便于教师交流区域国别化问题；二是优化智能化硬件设施，在教学点增加硬件软件设备的投入，如电子白板、远程直播设备、多模态教室、跨情景模拟室等技术设备，建设线上线下一体化、现实虚拟的智慧教室，打造实体空间、云端空间和社交空间有机整合的学习空间。

（四）多方联动："政校研企"的协同生态保障圈

政府、学校、研究机构和科技企业共同形成合力，架构国际中文教师智能素养的生态保障圈。政府层面应发挥政策的引领和导向作用，推进智能素养提升计划，开展国际中文智能化教学试点工作，采取先试点后推行的模式，逐步扩大改革外围，辅以专项资金拨款辅助，为智能化教学开辟通路；学校层面应创设全面感知、人机共生的智能化教学环境，建立科学严谨的测评体系，从外部影响、内部塑造引起教师对智能化教学的重视；研究机构层面应深化理论与实践两方面的探索，申报并研究科研项目，提供依据与支撑；科技企业层面应加快研究成果的转化，推动产品研发，提供智力支持。

# 第三节　中文国际教育人才培养新方法

## 一、汉语国际专业培养目标

### （一）培养目标

汉语国际教育本科专业是国家为发展我国语言文化国际传播与交流合作事业而设立的，其前身是 1985 年原国家教委批准开设的对外汉语专业，培养能在国内外各类学校从事汉语教学，在各职能部门、外贸机构从事与语言文化传播交流相关工作的复合型、应用型人才。

在世界"汉语热"逐年升温的大好形势下，汉语国际教育本科专业设立至今虽然只有 30 多年，却已在全国 400 多所高校都开设了，发展规模与速度相当可观。这一专业理应呈现蒸蒸日上的发展趋势，然而现实中却是在日新月异的社会发展与就业市场中日渐尴尬，突出问题就是学生毕业出口狭窄，从而导致就业难、对口就业率低的普遍现象。从全国态势上看，高校本科不少专业都面临就业难的困境，汉语国际教育专业只是其中之一。造成学生毕业出口狭窄问题的原因，主要包括我国汉语国际教育事业发展尚不成熟、人才供求比例失调的社会就业大环境，以及高校自身汉语国际教育专业体系构建不完善的人才培养模式。后者作为人才输出的"供给侧"，正是解决毕业出口狭窄问题的源头，需要从对人才吸收的"需求侧"角度予以关注和思考。

（二）培养人才

在汉语国际教育专业培养目标中，明确提出培养的不仅仅是从事对外汉语教学相关工作的教师，还包括能够从事与之相关工作的"复合型"人才，这也正是社会的需求所指。"复合型"人才应当拥有"蜘蛛网"状知识结构，即以所学的专业知识为中心，与其他专业相近的、有较大相互作用的知识作为网状连接，形成一个适应性较强的、能够在较大范围内左右驰骋的知识网。"复合型"既是培养目标，也是社会需求，还意味着就业方向的多向可能性。

因此，我们要思考围绕这个关键词，探讨如何走出一条创新人才培养手段、扩展人才培养空间、宽口径分流就业、切合时宜的教育改革之路。改革首先在人才培养观念上一定要转变，这包括从专业对口到宽口径的转变，以及从面向国内到面向世界的转变（从对外汉语教学到汉语国际教育的转变）。需要重点强调的是第三个转变，即从纯知识传授到知识与实践能力相结合，尤其注重实践能力培养的转变，并且在这个过程中，一定要把人才的培养与学生未来的职业发展统一起来考虑。鉴于此，以下将从开展专业教育改革进行构思，探讨建立具有开放性、融合性特征的"复合型"人才协同培养体系的意义与模式。

## 二、汉语国际教育专业"复合型"人才协同培养的意义

### （一）我国高等教育改革的重要趋势：学科交叉

党的十九大报告指出，"加快一流大学和一流学科建设，实现高等教育内涵式发展"。"双一流"战略的实施，标志着我国加快高水平大学重点建设和提升高等教育整体发展水平，都有了一个新的起点，要通过改革，优化教育资源配置，激发办学活力。传统的"以学科为中心"的大学教育可逐步面临挑战。各门学科与专业的相对隔绝，必然会导致"专才"培养模式下，学生难以适应日益综合化的科学发展需求与日益复杂化的就业市场需求。因此，打破高校专业传统壁垒，释放专业发展活力，拓展人才培养空间，鼓励人才培养多维化，应是我国高等教育改革的重要趋势之一。

当今社会的重大特征是学科交叉、知识融合、技术集成。为了适应社会发展与教育改革的需求，国内一些重点高校已经开始探索由分科教育向学科交叉的协同培养新模式，开展起了交叉学科及平台建设。有学者统计，2011—2014 年，全国有 147 所高校在研究生教育层次设置了480 个交叉二级学科，重点高校如山东大学、南京大学、北京大学等。同时，近年来，越来越多的高校已经开始布局于新文科、新工科的建设与学科的交叉整合，探索多样化办学模式，其中一项重要举措即是面向

本科阶段的学生开设跨学科的微专业，如山东大学、江苏大学、上海师范大学等。因此，加快本科专业现代化升级，培养更多服务社会、促进国家经济、科技、文化发展的专业人才，人文学科、社会学科、自然学科之间跨学科的"复合型"人才协同培养模式是必然的趋势，而这种趋势也必将推动高等教育本科层次人才培养模式的探索与革新。

"复合型"人才具有一定的跨学科人才的性质，意味着汉语国际教育专业的内涵应当更加丰富，培养体系应当更加外展和优化，教学模式需要与时俱进。人才培养目标应当更加符合国家发展新阶段以及经济社会快速发展、国内外汉语文化传播事业发展的需求。因此，汉语国际教育的协同培养体系也要主动适应我国高等教育改革的主要趋势。

（二）汉语国际教育职业技能的提升：一专多能

时任教育部部长陈宝生，在2021年初召开的全国教育工作会议上讲话时提到，要瞄准科技前沿和关键领域，推进学科交叉融合，优化高等教育结构、优化学科专业结构、优化人才培养结构；并特别提到要总结推广2019年开始在职业院校、应用型本科高校启动的"学历证书+若干职业技能等级证书"（即"1+X"证书制度）试点经验。国家职业资格证书制度在夯实学生可持续发展的基础上，又拓展了学生就业创业本领，这对于普通本科汉语国际教育专业复合化及应用型人才培养体系建设具有重要的参考意义。

在就业市场中，既具有专业知识又具有适应社会多方面工作能力的"一专多能"型毕业生，越来越成为招聘单位选人用人的期望与首选。这一现象也同时反映出在现代社会，高校毕业生仅凭掌握一定的专业技能并不能完全适应未来社会发展和个人职业选择的需要。近年来，一部分汉语国际教育专业毕业生的"专业教育"过程与"非专业就业"结果，已成为不可忽视的现实问题。究其原因，除了毕业生自发自愿选择非对口工作之外，主要就是由于以汉语国际教育师资为培养目标的"专业教育"的毕业生在择业、就业时，社会所能提供的理想的对口岗位非常少，对口就业面非常窄，退而求其次，毕业生才会选择"非专业就业"。非对口专业应当是汉语国际教育的相邻、相关类专业，需要毕业生具备与之相应的基础专业技能或"通用就业能力"，绝不可能是一窍不通、完全的门外汉。因此，一专多能的培养导向可以助力汉语国际教育专业毕业生职业技能、就业能力的提升，从而使其最大可能地获得知识储备并胜任目标工作。当然，对于大部分毕业生而言，能够扎实做到"一专一能"就已经是达到高校以学科为中心的专业教育的基本目标或是核心目标了，而那些有兴趣、敢挑战"一专多能"，进一步提升个人职业技能的小部分毕业生，则是理想的专业型人才和多出口就业的综合型人才，也是就业市场最为青睐的选聘人选。

因此，在复合型人才培养目标与"一专多能"宽口径就业的需求下，汉语国际教育专业需要积极推进人才培养目标与学生职业发展结合、人才培养模式与行业发展需求相应的改革。在职业群的基础上考虑调整学生的技能结构，融合相邻专业与学科的基础教育协同培养，既要向专业内不同层面、不同岗位的纵向职业群，也要向与本专业具有关联度的横向职业群进行"准职业教育"和"准职业开发"，释放专业技能的潜力与张力。纵向职业群包括从事汉语国际教育本专业的一线教学、行政管理、理论研究工作等，横向职业群包括与汉语国际教育专业相邻相近的工作，如中小学或培训机构的语文与外语教师、文字编辑、汉外翻译、办公文秘、行政管理、公务员、新媒体、语言文字，以及与中外文化交流、经贸合作领域相关的工作。本专业的学生在考取国际汉语教师资格证书的基础上，再向职业群方向努力也是非常有必要的。

（三）汉语国际教育职业素养的培养：可持续发展

在职业起步阶段，需要毕业生具有快速适应和处理高要求任务的专业能力。在三到五年之后的职业发展阶段，想要提高个人业务绩效，获得职业晋升，就必须有后劲、有可塑性。这种后劲和可塑性需要毕业生具备良好的学习与研究能力、沟通与合作能力、自我规划与管理能力等非专业的、综合性的职业技能，以及部分社会科学、自然科学的逻辑分析能力与抽象思维能力的交汇融合，从而促进个人的可持续发展，特别是具有"一专多能"基础的毕业生，更能够拥有"X"种可能性的可持续发展途径。个人的可持续发展与外界环境有着密不可分的联系。想在岗位的变换与竞争中保持优势，就要尽可能突破专业局限，打开视野，关注和了解会对汉语国际教育行业产生影响的社会诸要素的潜在关联与发展趋势，将强化个人兴趣、能力、优势，将专业前景与现实利益相结合，这将有效地帮助自己找到职业发展的方向，实现自身价值与人生目标。

## 三、汉语国际教育专业"复合型"人才协同培养的模式

高水平的人才培养体系立足于要培养什么样的人，涉及学科体系、教学体系、教材体系、管理体系等。汉语国际教育专业现有通行培养模

式下的传统学科体系与教学体系的设置符合专业特点与社会需求。然而在新时代中，国际中文教育作为国家的一项事业也在与时俱进不断地创新与转型，从"对外汉语教学"到"汉语国际教育"，再到"国际中文教育"，其内涵与外延都更为宽广。同时，随着高校学科建设的不断分化又不断综合地发展，也随着新时期汉语作为第二语言教学的"职业/专业汉语""区域/地域汉语"等新需求以及"汉语国际教育汉语+"新外延的形成，传统的闭环式课程体系在相当程度上已难以满足对学生综合科学基础的延展和跨学科学习能力的提高。

因此，高校应立足于汉语国际教育专业的新使命与新方向，以为本专业学生"复合化"发展而服务的原则，以跨专业人才协同培养为模式，深挖学科建设、专业发展的潜力与张力。

"汉语+"的开放性办学特色，人才协同培养体系的形成，需要探索如何发挥区域下及地方高校自身的学科优势与国际合作优势，如社会学科、理工学科等，以倡导学生"自主、创新、个性"发展为前提，设计多学科的知识"领域"与"通识"素养，进而完善学生的知识谱系和逻辑思维，开拓学生的视野和未来发展空间。

在人才培养"需求导向"的理念下，应以"汉语+教育"作为本专业的基础，以跨专业和多课程融合的综合知识和实践能力为培养导向，向"汉语+语言服务产业、汉语+语言信息技术""汉语+语言国际事务（商务、政治、经贸、关系）"等新时期社会发展需要的多领域就业方向辐射，形成适应这些领域人才培养目标的学科群组与教学平台，在提炼、精简跨学科的科目与课时的基础上，设计人才分流、多元复合的跨学科开放性课程体系。

（一）"汉语+大文科微专业"培养体系

"微专业"是从就业岗位和市场需求的角度出发，以学生职业为导向的专业课程，为扩展本科生职业生涯路径提供了多元可能。为此，学校从大文科领域出发，依托校内人文与社科教育资源，设计若干项"微专业"人才培养计划；吸纳外语、法学、经济学、管理学、翻译、旅游、统计、数据分析、艺术等人文、社会学科课程，在校内学科群的课程资源中提炼开设若干组的课程模块，增设相应的跨专业实践教学环节，安排跨专业指导教师等。要以学生的综合素质与职业愿景为动力，以学生个人的兴趣、特点、意向为方向，发掘学生的潜能与可能，在"微专业"课程体系中完善学生的知识结构与能力结构，既有"精通"的本专业技能，又有文科领域内"会通"的"微专业"基础，允许学生跨专业进行毕业实习与毕业设计，使学生能够锻炼该方面最基础的学术专业素养和行业从业能力，形成"1+X"的职业技能结构，从而弥补高等教育专业划分过细、口径过窄等问题，为人才分流、跨专业深造、宽口径就业创造可能而必要的条件。"微专业"课程也可借助慕课的形式支持在线学习，提供学生自主学习与时间管理的空间，避免课程时间的冲突。

比如，南开大学 2019 年开设的国内首个旅游学科"微专业"项目"国际文化和旅游发展"、山东大学 2020 年首批开设的 17 个"微专业"中的"国际组织与跨文化交流"和"知识产权管理"、洛阳理工学院 2018 年首批立项建设的"微专业"项目"创业管理"和"虚拟现实文化创意设计"等，都是比较适合汉语国际教育专业的学生选择的大文科类"微专业"。"微专业"的开设在为学生发展兴趣、释放活力、扩大知识面的同时，也意味着学生在将来面临就业市场或学业深造时，会有更多的备选项和可能性。

## （二）"汉语+科技类微课程"培养体系

要建立汉语国际教育专业人才协同培养体系，还应当寻求跨学科背景的统摄性、通约性，以知识的网状结构替代知识的树状结构，鼓励学生通过有限学时与有限学分的"微课程"速成式、概览式学习，涉猎、接触理工科目的基础性、通识性课程，培养自然科学的基本素养与逻辑能力。为此，高校可借助校内的理工科传统教育资源与特色专业优势，如计算机科学、数据库导论、工程概论类理工科通识性课程，金工类的认识实习等，为学生合理选择符合自身发展的路径。教育部 2018 年出台的《教育信息化 2.0 行动计划》要求积极推进"互联网+教育"，以信息化引领构建以学习者为中心的全新教育生态，实现信息技术与教育教学的深度融合。汉语教育的教学方法也在从纸质教材面授为主向利用现代信息技术、多媒体网络教学为主转变。因此，汉语国际教育专业学生学习一定的现代教育技术应用与开发领域中的教学资源数字化、现代教学媒体技术、教学系统功能设计、计算机辅助语言学习等知识，对增加未来汉语教育领域相关职业群与相应岗位需求的知识储备与提升信息技术素养而言，都是非常有必要的。

本质上，语言既具有人文性，也具有自然性。作为汉语国际教育专业的学生，就应当具有能够从社会科学和自然科学两方面对汉语进行多角度的理解与分析的能力。科技类"微课程"的开设并不是要求汉语国际教育专业学生进行多学科专业知识的累积和附加，而是要激发好奇心，提高思维力，帮助学生扩展现代科技知识的视野，形成文理多元化的复合思维。从工业科技、信息技术、经济领域、第三产业等与社会发展息息相关的基础知识方面，反观汉语国际教育事业发展在满足社会快速发展的必然趋势中所面临的现代科技类"职业汉语教育""专业汉语教育"的需求。这就意味着汉语教育在单纯的第二语言教育的基础上，还要尽可能承载来自不同领域，特别是科技领域学习者对"学习增值"的细分化、同步性需求，即学习汉语不仅仅是为了掌握一种交际工具，也是为了获得一种职业能力。随着中国国力的增强、科技的进步、在国际舞台上与国际事务中的作用和话语权的不断提高，以及"一带一路"倡议的逐步实现，世界各国对精通汉语的特定专业的专门人才需求越来越大。因此，从理工科技类通识教育方面提高学生作为复合型、应用型汉语国际教育专业人才的适用性与融合性，也是一个非常必要的培养导向。

（三）"汉语+国际化平台"培养体系

随着中国经济、科技、文化各方面在国际上影响力的日益提升，越来越多的国家开始将目光转向中国、关注中国，中国的国际交往日益频繁。语言是人类最重要、最直接的一种交际工具，汉语的国际推广与应用必然是一种需求，这为汉语国际教育专业提供了重要的生存空间与发展机遇。因此，高校需要探索如何借助自身高水平建设中的国际交流平台与来华留学教育的各类项目规划，充分利用国际友好合作高校的教育资源优势，制定汉语国际教育专业"国际化"人才协同培养预设目标、培养方案以及学位标准，体现汉语国际教育的"国际"内涵，打造专业的国际化和课程、实践的国际化。例如，与国外高校或教育机构合作，打造对外汉语分阶段、分课型的教学实践平台，以及海外的中文教育实习基地，开展让学生走出国门的国际游学项目。

这种具有国际化特色的人才培养模式与平台，除了能够直接有效地培养和锻炼学生的专业知识技能和实践能力，同时也是在培养和锻炼学生将来可能要在国外工作与生活时所必需的环境适应能力和比较强大的心理抗压能力。因此，高校在为学生搭建"汉语+国际化平台"的同时，也特别需要引导学生在夯实专业基础的同时，积极自觉地树立个人的国际化就业观与职业发展观，确立未来汉语国际教育发展的开放性视野、跨语境与跨文化的交际意识，以及职业价值与愿景的心理基础等。

## 四、"复合型"人才协同培养的保障机制

"复合型"人才协同培养体系涉及教育理念、培养规格、课程体系、运行机制、培养方式、组织载体等一系列要素的体系改革。体系的改革必然会面对既有培养体系中的一些制约因素，要通过调查与分析，发现在汉语国际教育人才协同培养实施过程中可能形成限制的技术问题，相应地探索出能够解决这些问题的办法与途径，从而研究建立可行的教育保障机制。

教育技术对教育质量保障的作用主要体现在教育方式的拓展、教育效率的提升、教育资源可获得性的增强等方面。在校、院、系三级教学管理单位与相关学科专业教学实施中，决策层首先需要突破专业管理方式的常规和传统，以开放的魄力，迈出革新和创新保障机制的关键一步。针对汉语国际教育的人才协同培养的需要，学校要研究如何调整学科专业的组织体制，如何探索"微专业"的实验班、实验区，如何精简"微

课程"的教学内容与学时学分；要研究如何提升校内师资与课程的资源
共享率，如何把高校内部文、理、工各种教育资源进行聚合后，转变成
体系化、集群式的领域知识，如何加强不同院系学生之间，跨学科学习
的交流合作与创新实践；要研究院系之间如何进行积极的协同组织与开
放性管理，为汉语国际教育专业扩充跨学科的通识教育类课程。由此，
部分开放理、工的学科基础类课程，鼓励汉语国际教育专业学生在自身
性格与就业意向、个人爱好与专业能力、社会需求与职业发展的权衡之
中做好职业规划，积极选择双主修、主辅修、课程互选等跨专业复合性
学习与增值性学习的灵活方式。同时，学校层面还要研究如何制定包括
学分认定、选课、考核、评优等在内的教学管理制度，建立基于数据分
析的监测机制、科学的监督抽查制度等。

## 第四节　汉语国际传播的路径选择

汉语国际传播是中国文化"走出去"战略的重要组成部分，随着我
国国际影响力以及综合国力的显著提升，包括汉语在内的中华文化愈加
受到国际社会各方的高度关注。教育部教育 2020 收官系列新闻发布会上
公布的数据显示，截至 2020 年底，全球范围内已经有 70 个国家将中文
纳入国民教育体系当中，海外学习中文的人数约有 2500 万人之多，说明
汉语国际传播已经具备了广泛的受众基础。传播需要媒介，更需要路径。
我国面向广大来华留学生举办汉语知识竞赛活动，显然为汉语国际传播
提供了良好的契机。而在一系列以汉语为主题的知识竞赛活动中，"汉
语桥"世界大学生中文比赛已经成为国际舞台上彰显中国魅力、传播中

华文化的重要媒介。

## 一、"汉语桥"的创办与影响

"汉语桥"世界大学生中文比赛是教育部中外语言交流合作中心主办的大型中文国际赛事，享有"中文奥林匹克"的美誉。自 2002 年开办以来，比赛累计覆盖 160 多个国家，先后邀请超 17 万名青少年参加夏令营来华体验中国语言文化；目前已经成功吸引超 150 万名青少年参加比赛。近年来，"汉语桥"参与人数和关注人数每年都高达上亿人次，已经成为各国青少年学习汉语、了解中国的重要窗口，是中外青少年交流互动的重要平台。

2021 年 12 月 20 日，在"汉语桥"二十周年庆祝活动上，教育部部长怀进鹏指出："'汉语桥'项目架起体验中国之美的桥梁，推开了解真实中国的窗口，打造开启人生精彩成长的钥匙，助力世界各国青年体验'人类命运共同体'理念，已成为世界范围内无与伦比、富有魅力的语言项目。""汉语桥"比赛内容除了基本的语言知识与能力外，还包括中国历史、文化、国情、综合素质等。比赛的根本宗旨就是要通过各国的优秀汉语学习者完成中华优秀文化的国际传播。其成功不仅在于比赛或节目传播本身，而更多体现在活动综合传播的渠道体系与逻辑机制上。因此，"汉语桥"对新时代中华文化传播的范式转型具有重要的促进和示范作用。

## 二、注重与受众的平等多维交互

正如"软传播"概念的主张，从受众角度出发，注重传播视角的平等性，拒绝任何强制性的灌输，以尊重受众意愿为前提开展传播活动。"汉语桥"以此传播形式为导向，在汉语国际传播受众平等性和互动性方面做足了文章。

（一）以平等姿态尊重文化多样性

"汉语桥"的参赛选手来自世界各地，其教育背景、文化认同存在很大的差异，在文化传播上具有天然障碍。如果强制向海外选手"灌输"来自中国的思想文化和价值观，效果很有可能适得其反，也对汉语以及中华文化传播十分不利。"汉语桥"强调对文化多样性的尊重，乐于接受来自海外的文化传输，注重中华文化与世界其他国家文化之间的良性互动，这也是对节目"汉语筑桥，天下一家"理念的直接体现。例如，在 2019 年第十八届"汉语桥"决赛当中，有一道考题要求选手根据汉语词语的含义，匹配与之相关的动物，正确答案是蜜蜂、骆驼和蚕，分别代表勤劳团结、任重道远和无私奉献。但由于不同国家有着自身既定的风俗和历史文化，因此，动物的内涵也大相径庭，大部分选手在这一道考题中都做出了迥然不同的选择。大赛主办方没有简单地评判对错，而是由主持人引导参赛者介绍各自国家关于这些动物的典故、历史和民俗，然后再对比中华历史文化赋予这些动物的特殊含义，获得了良好的传播效果。

（二）赋予选手传播者和接收者双重身份

"汉语桥"世界大学生中文比赛本身是一种文化的输出载体，在面向来自世界各地的选手们传播中华文化后，参赛选手也会成为文化信息的二次传播者。因此，他们既是比赛的参与者，也是文化的传播者，积极地将自身在参赛时的种种表现，以及输出学习汉语的经历，向更多的海外群体传达他们对汉语和中华文化的理解。而且，由于参赛选手都来自海外，有着其所在国家民众更为熟悉的生活背景与人生经历，因此他们在二次传播和内容输出时，能够充分拉近与海外受众的距离，用海外民众更容易理解的方式去诠释汉语、传播汉语及中华文明，使更广范围的民众被中华文化的魅力感染，带动他们走近中文世界，更好地认识中华民族的历史和文化。

（三）加强内容的多元情境生成

传播是为了向公众传递信息，其本质是信息的流通。因此，公众在传播过程中所接收到的信息内容质量的高低，将直接影响传播的效果。特别是文化类内容的输出能否产生良好的社会口碑，很大的原因在于能否以大众喜闻乐见的形式呈现，是否贴近大众的生活。"汉语桥"世界大学生中文比赛的设置强调内容的多元情境生成，在很大程度上贴合了上述传播要求。

1. 强调趣味与挑战的深度融合

近年来，出现在各大平台上的语言竞赛节目往往具有专业性强、难度高的特点，为观众带来了较高的认知成本。但"汉语桥"节目在很大程度上规避了认知障碍，正是因为它特别强调趣味性和挑战性的节目要素融合。例如，第十八届"汉语桥"世界大学生中文比赛巧妙应用了"朋友圈"的概念，将比赛主题设定为"世界的朋友圈"，这一主题既有新意，又与当下的流行话题高度契合。主办方还邀请往届选手以嘉宾的身份"返场"，分享自己的中文学习感悟，让更多的观众感受到语言专业竞赛之外的"人文情怀"，也充分反映了海外民众能够在学习中文时，收获到和平、友爱以及幸福感的正向情感体验。

再如，在 2020 年的"汉语桥"大赛中，由于总决赛受到疫情影响，因此采取了线上五大洲同台较量的参赛模式，在题目设置上推出"同呼吸，共命运"的主题演讲环节，呈现了特殊时期中国与世界各国之间互帮互助、共同抗疫的友好故事。由中央广播电视总台主持人组成的"考官天团"不仅用饶有趣味的方式解释考题，也为参赛选手设置了集趣味性与挑战性于一体的题目类型，让世界各地的中文爱好者更好地感受中华文化的博大精深与魅力。

2. 丰富内容呈现形式，打造多样化体验

在常规竞赛之余，"汉语桥"还强调比赛内容的多样化呈现，通过新兴技术手段和现代视觉表现元素的植入，使节目呈现出较好的视觉效果。例如，在第十八届"汉语桥"世界大学生中文比赛中设置的"朋友圈"比赛主题，除了让选手进行传统的"演讲"比赛，还增设了情景表演秀的考核环节，让选手表演"李白的朋友圈"，实现了对选手语言表达能力以及舞台表现力的双向考核。在这场比赛中，诸如李白、鉴真以及晁衡等历史人物恍若穿越千年时光出现在当代观众的视野中。海外选手需要通过自己对这些历史人物以及人文典故的理解，用真挚的表演打动在场观众，让看似简单、朴素的历史考题焕发出蓬勃的生命力。

这种具有情境式、表演力的考核方式兼顾了选手的语言能以及知识的灵活掌握，不仅让观众产生身临其境之感，也让参赛选手随着赛事的推进，不断强化对中华文化、语言以及历史的理解。进一步看，任何文明的形成都是日积月累、潜移默化的结果，语言也在时间的推移中影响着人们的思维和行为方式。随着汉语国际传播的开展和深入，让海外观众对汉语以及语言背后的思维方式产生了更深的理解，也就进一步扩大了传播的效果。

## 三、实现传播平台的跨屏联动

要考察传播活动的影响力，不仅要考察其对大众的吸引力，也要分析其传播的渠道和手段。"汉语桥"世界大学生中文比赛不仅在节目内容上尽可能地挖掘中华民族的优秀传统文化，传播渠道上也在不断突破。节目所采取的传播平台跨屏联动，实现了从单一的电视传播向多元媒体服务的转型。

（一）借助新媒体技术，实现节目与受众的实时互动

在播出平台方面，"汉语桥"选择与央视和湖南卫视合作。虽然两大电视平台分别是权威和人气的代表，但电视平台在与受众的互动上稍显不足。以汉语为主题的电视节目要实现更为广泛的传播，要彰显中华文化传承，必然要开发更多的新媒体传播渠道。赛事主办方对新媒体的利用使得观众与节目之间产生了更多的良性互动，观众在观看节目的同时，将自己关注的内容以及感悟在新媒体平台上实时分享。节目组借助大数据，及时在社交平台上提取关键词，收集观众的反馈，了解观众讨论最多的选手、题目、比赛形式以及最精彩的节目段落，进而在后续节目中调整。

为了提高节目的参与度，"汉语桥"世界大学生中文比赛还设置了

"网络人气奖"，由观众通过官网、微信公众号、移动客户端，为自己欣赏的选手点赞。选手也可借助这些平台分享自己的参赛感悟，与观众直接互动，甚至还可以为自己拉票。这些做法超越了传统电视荧屏的互动形式，不仅拉近节目与受众之间的距离，还产生了更多的信息和反馈数据，从而帮助主办方提升节目内容，呈现更有价值的节目作品。

（二）发挥新媒体效应，扩大节目影响力

近年来，短视频作为传媒业的一股新兴力量，不断拓宽受众渠道，逐渐成为视听媒体消费的主流。由传统媒体所打造的节目，自然也通过短视频扩大内容传播的效果，还借此对已有的电视节目"打补丁"，让观众多维度感受电视节目的台前幕后以及和比赛相关的花絮。

例如，在"汉语桥"比赛期间，节目组会在微博、抖音等平台上发布节目的精彩瞬间，这些片段式的内容短小精悍，而且具有点睛的效果，广泛吸引了社交平台用户。除了宣传比赛本身，"汉语桥"的社交账号还会分享有关节目选手的生活花絮、与比赛内容关联的文化典故以及海外文化趣事等，这不仅达到间接宣传比赛的作用，也对出现在节目当中的选手、文化元素，以及包装比赛背景，使参赛选手的个人形象变得更加鲜明、立体，进而成为电视节目的传播符号。这种立体化的节目传播方式，也让中华文化能够在更广阔的时空里扩散。打破传统媒体单一传播渠道的局限性，实现跨媒体、多渠道的传播思路，是"汉语桥"节目做出的重大调整，不仅实现更大范围的传播以及内容输出，更为后续节目制作、内容产出提供了来自观众的视角和更高的参与度，节目效果和影响力都得到了显著的提升。

# 第七章　国际中文教育理论

## 第一节　国际中文教育学科建设

学科理论体系和知识体系构建是学科建设的基石。国际中文教育作为一个新兴交叉学科，其理论体系和知识体系的构建不仅关系到学科发展，更关乎国际中文教育事业的稳步发展和我国文化软实力建设。1978年有学者首先提出对外汉语教学是一门专门学科开始，多位学者从学理出发深入研究国际中文教育学科建设、学科定位、学科体系等方面，但对涉及学科理论体系和知识体系构建方面的研究尚不多见。2019年年末，国际中文教育大会首次提出构建更加开放、包容、规范的国际中文教育体系。2020年，国家增设新的学科门类"交叉学科"，这给国际中文教育带来了前所未有的机遇。能否在这一新的交叉学科门类之下设置"国际中文教育"一级学科，如何构建世界一流、中国特色的理论体系和知识体系，以更科学、更完善的学科体系支撑国际中文教育事业的稳步发展，服务我国国家战略，满足世界各国中文教育发展需求，是摆在国际中文教育学界学者面前的重要理论和实践问题。因此就国际中文教育的学科定位、理论体系和知识体系构建提出一些思考，以期对学科建设和事业发展有所裨益。

## 一、国际中文教育理论体系与知识体系的方向定位

当前，学术界对国际中文教育的学科定位尚不明确，在学科归属上也存在较大分歧，这在很大程度上制约着学科建设的顶层设计、理论建构、人才培养、事业发展等方面。为此，学科理论体系和知识体系构建迫切需要从学科定位方面思考。

### （一）国际中文教育是由多个一级学科融合形成的新兴交叉学科

国际中文教育到底属于中国语言文学还是教育学，这是一个令很多业内人士困惑而又非常值得探讨的问题。国际中文教育并非纯粹属于某个一级学科，而是由多个一级学科交叉融合形成的学科。它的主干学科是中国语言文学和教育学两个一级学科，此外还涉及外国语言文学、心理学、新闻传播学、哲学、中国史、世界史、民族学等其他一级学科。需要特别强调国际中文教育交叉学科，是一级学科层次上的交叉，而不能理解为这些一级学科之下的二级学科层次上的交叉，否则将出现明显的局限性。以中国语言文学一级学科和二级学科为例，如交叉学科只列汉语言文字学、语言学及应用语言学等与国际中文教育关系紧密的二级学科，中国古代文学、中国现当代文学、比较文学与世界文学等这样一些虽然关系不很紧密，但确实应该纳入知识体系的二级学科可能被排除在外。国际中文教育的知识体系中，既应包含语言学也应包含文学，既应包含中国文学也应包含世界文学。毕竟国际中文教育的教学内容中包括大量的文学作品。在国际中文教育师资培养中，中外文学知识不可或缺，本科层次尤为如此。

（二）将国际中文教育提升到一级学科的高度

多学科交叉融合的特点决定了国际中文教育涵盖较多的知识领域，因而知识体系较为复杂。构建科学的理论体系和知识体系，首先要厘清国际中文教育的学科交叉层次。此前，有学者将其定位为汉语言文字学、语言学及应用语言学、课程与教学论、发展与教育心理学等二级学科基础之上的交叉学科，或将某些二级学科与某些一级学科相提并论，以解释其交叉性的说法均有失偏颇，难免顾此失彼。只有将交叉学科中的"学科"提升到一级学科的高度来认识，才能科学、完整、客观地反映国际中文教育这一交叉学科的全貌。这一认识是科学构建国际中文教育理论体系和知识体系的前提。此外，明确该交叉学科中各学科的地位也十分重要。

国际中文教育的主干学科是中国语言文学和教育学两个一级学科，其他学科均处于辅助地位，因而在其理论体系和知识体系构建中也应该充分体现"两主多辅"的特点，即突出中国语言文学和教育学两个主干一级学科，兼顾多个辅助性一级学科。相关一级学科的交叉融合，既符合当前国际中文教育的学科实际，也有利于在理论体系和知识体系建构过程中分清主次，科学构建。学科名称中的"国际""中文"和"教育"三个关键词，既突出了交叉的主干学科，又凸显了国际特色，高度概括了学科内涵。因此，"国际中文教育"是一个恰当的学科名称，比较准确地反映了学科性质。

## 二、国际中文教育理论体系构建

理论是知识的系统化、概括化、抽象化的结果。理论体系是知识体系的升华，同时又对知识体系建设具有指导作用。理论创新是学科发展的源泉，构建独立完善的理论体系是夯实国际中文教育学科发展的重要基石。这对构建国际中文教育理论体系具有重要的引领和导向作用。

（一）构建理论体系的思想方法

1. 兼顾系统性与分支领域特色

国际中文教育学科囊括中国语言文学、教育学、心理学、政治学、经济学、中国史、世界史、民族学等相关领域的理论与方法，涵盖学士、硕士、博士各学位层次，还涉及许多该学科的外部影响因素，如国家战略、国际关系、语言生态、经济贸易等。这就要求我们在学科理论体系构建中，必须坚持系统论和发展观，正确认识现象与本质、局部与整体、个性与共性、静态与动态、现状与趋势等多组对立统一的辩证关系。同时，理论体系中应形成若干重点分支领域，通过分支领域的理论建设，推动理论体系的整体优化与完善。理论体系构建应既能充分体现学科理论全貌，又能突出重点研究方向，既能全面呈现基础理论，又能凸显学科发展主流及主要分支领域；既能反映学科建设，又能兼顾事业发展；这将是一个既具有较强系统性和整体，又体现专业性和独特性的理论体系；既能看到理论体系这片"森林"的全景，又能细看林中不同"树木"的特点。

2. 注重原创性与本土性

国际中文教育是一个新兴学科，其理论体系建设尚处于草创阶段，但我们不能"饥不择食"，应倡导积极构建原创性理论。所谓原创性，主要指积极开拓尚无人涉足或虽有研究但尚不深入的学科基础理论，开展不同区域、国别、语别中文教育相关研究，推出具有原创性的理论成果。国际中文教育创新理论应扎根本土，倡导面向区域、国别、语别中文教育的调查研究，构建与世界各国中文教育实践紧密联系、有益于特定区域、国别、语别中文教育发展的应用型理论或解决方案，使理论研究与各国中文教育发展形成良性互动。

3. 突出时代性与国际性

国际中文教育是一个时代性和国际性很强的学科，其理论体系也应该突出这两个特点。时代性主要指理论体系构建应站在"文明互鉴""人类命运共同体"的高度，坚持问题导向，通过对学科和事业发展中现实问题的研究，推出一系列紧扣时代脉搏、指导和解决实际问题、支撑和引领国际中文教育事业发展的理论成果。国际性有两方面含义：一是应学习和借鉴国际第二语言教学理论体系中业已成熟的理论与方法，取其精华，为我所用，努力探索第二语言教学普遍规律与中文特色教学相结合的理论和方法。借鉴中要力戒迷信，不能把西方理论当成金科玉律，盲目照搬到国际中文教育中来。二是学科理论要体现中国特色，能够在世界第二语言教学理论研究领域发出中国学术声音，能够与国际同行进行学术交流，开展学术对话。

（二）构建理论体系的基本策略

1. 增强学术自信力

创世界一流的国际中文教育学科理论体系。中文是绝大多数中国人的母语和中国通用语言，中国有世界上规模最大的中文师资队伍和国际中文教育学科团队，中国学者应该增强学术自信，应有"舍我其谁"的气概，努力创建出具有中国气派和中文特色、世界领先的国际中文教育理论体系，引领全球中文教育学科建设和事业发展。察势者明，趋势者智，中国高等教育正在推进"双一流"建设，国际中文教育学科理论体系建设应顺势而为，在争创世界一流学科的过程中，力争迈上一个新台阶，构建出世界一流的理论体系，为全球中文教育学科发展指引方向。

2. 坚持问题导向

主动服务中国国家战略和世界各国中文教育需求。国际中文教育是国家"走出去"战略、"提升国家文化软实力"、"构建和谐世界"、促进"公共外交和人文外交"、"一带一路"倡议五大国家战略的重要组成部分。国际中文教育学科应在服务国家战略、满足世界各国中文教育需求中主动作为，发挥中文母语国的学科优势，推出两者兼顾的理论成果。达成该目标的关键在于坚持问题导向和理论创新，以现实问题为研究起点开展学术研究，以创新理论回应国家语言文化"走出去"的时代课题，逐步形成"实践先行、问题引领、摸石过河、探索规律、理论构建"的学科理论探索路径。

为此，应努力筛选当前和今后国际中文教育事业发展面临的主要理论和实践问题，集中力量开展攻关研究，形成高质量的理论成果和决策咨询报告。从如何促进中文教育进入更多国家国民教育体系这一现实问题出发，探讨中文融入外国国民教育体系的方略与途径；基于沙特阿拉伯、阿联酋、埃及中文教育面临的发展瓶颈，开展阿拉伯国家中文教育专题研究，提供发展路径和解决方案；面对美国为主的西方少数发达国家孔子学院遭遇的困难和问题，提出西方发达国家孔子学院转型升级的应对策略与实践途径等。

3. 顶层设计先行，分工协作推进

国际中文教育是一个崭新的学科，学科理论体系构建应首先做好顶层设计，围绕构建世界一流学科理论体系这一长远目标做好长期规划。然而，由什么机构牵头进行学科顶层设计却是一个问题，是全国汉语国际教育专业学位研究生教学指导委员会，是世界汉语教学学会，还是高等学校？也许由国际中文教育学科基础较好且积极性较高的院校牵头、多所学术力量较强的院校分工协作较为合适。此外，我们还应该围绕长期目标做好中期规划和近期计划。长期规划确立目标和理论体系框架；中期规划确定未来五到十年拟重点建设的理论体系构建项目；近期计划关注未来五年内拟开展的理论体系构建项目。

4. "教育"研究与"事业"研究并重

国际中文教育是建立在国际中文教育事业基础之上的一个学科，同时具有"学科"与"事业"的双重属性。当我们从学术的视角考察时，可将其看作一个学科，但当我们从社会发展的视角考察时，它是教育事业的一部分。因此，此前有"教育"研究与"事业"研究并重、"学科"研究与"事业"研究并重的提法。

此处所说的"学科"应理解为与教学紧密相关的研究，可以理解为国际中文教育内部问题的研究，主要包括面向国际中文教育的汉语语言学、第二语言教学、语言习得、语言要素教学等基础理论，以及教学设计、师资培养、教学流派与方法、课堂组织与管理、教材编写、现代教育技术、语言测试等应用理论。而"事业"研究可归纳为国际中文教育外部问题的研究，主要研究不直接影响教学，但间接对"事业"发展产生影响的各种问题的研究。如我国国家战略对国际中文教育的影响研究，国际政治、经济、文化对国际中文教育的影响研究，各国法律法规、教育政策、语言政策对国际中文教育的影响研究，国别中文教育典型个案研究，国际中文教育骨干项目研究，等等。这样看来，把"学科"研究与"事业"研究作为一组相对概念来讨论本身就有不妥之处，具有暗示"事业"研究不属于"学科"研究之嫌。

因此，我们必须为"事业"研究正名，即国际中文教育的"事业"研究也是"学科"研究的重要组成部分，正如经济学研究国家的经济发展，管理学研究各行各业的管理一样。原"学科"研究与"事业"研究并重的提法似有不妥，应将其表述为"教育"研究与"事业"研究并重。国际中文教育理论体系构建的最终目标是要服务我国国家战略和世界各国的中文教育发展需要，为中文和中华文化走向世界提供智力支持。

5. 继承、转型与重构并行

国际中文教育学科的理论体系应选择"继承—转型—重构"的建设路径。所谓继承，是指充分挖掘、吸收、借鉴从"对外汉语教学"到"国际中文教育"学科发展过程中的理论积淀和优秀传统。国际中文教育与对外汉语教学一脉相承，其理论体系应建立在充分吸收并借鉴对外汉语教学理论研究成果的基础之上。

今天，传统的国内对外汉语教学快速向海外中文教学拓展，形成二者并进的国际中文教育新格局。不同国家和地区中文教育遇到的新问题需要新的理论阐释。原有的面向来华留学生教学相关问题的对外汉语教学理论框架已经不完全适合国际中文教育的情况，因此"转型"甚至"重构"势在必行。"重构"并非"颠覆"，而是既要充分继承对外汉语教学研究中长期积累下来的理论基础，更要开拓创新、填补海外中文教学领域中的学术空白，洞悉并研究国际中文教育实践中出现的新现象、新动态、新问题，借鉴并创新国际第二语言教学的研究方法和学术表达，努力构建全新的国际中文教育理论体系和学术话语体系。

(三) 理论体系的框架内容

理论体系对于学科建设至关重要。国际中文教育学科的理论体系探讨尚处于起步阶段，系统论述不多。有学者提出，体系建设是当前和今后汉语国际教育研究面临的主要任务，即面向汉语国际教育的汉语语言学体系、汉语第二语言教学法体系、文化教学体系、教师教育体系主干学科并充分体现多学科交叉融合体系、留学生教育与多语多文化教育政策体系、汉语第二语言学习者认知与习得体系。

这几大体系虽然是作为汉语国际教育的主要研究任务而提出的，但对国际中文教育理论体系建构具有启发意义。国际中文教育学科的交叉性决定其理论体系的丰富性和开放性，其框架和内容可从不同视角设计。理论体系可从学科基本理论、学科应用理论、区域，国别，语别中文教育特色理论和学科交叉融合理论四方面加强建设。学科基本理论应主要包括国际中文教育概论、国际中文教育史、国际中文教育研究方法、中文国际传播研究理论与方法等方面的内容。学科应用理论应主要包括第二语言教学法、语言要素教学、师资与教学资源、中文教学标准、第二语言习得、汉语测试、中外语言比较、跨文化交际等理论。区域，国别，语别中文教育特色理论应主要包括世界各国重要区域和国家中文教育的相关理论，如东南亚华文教育，西亚北非阿拉伯国家中文教育、中亚国家中文教育，日本、韩国、泰国、马来西亚、新加坡、美国等国别中文教育，西班牙语国家中文教育等。

国际中文教育与其他学科交叉融合理论，如国际中文教育与国家软实力、国际政治与中文教育、国际经济贸易合作与中文教育、不同文明背景下的中文教育、国际中文教育项目管理等相关理论。需要强调的是，国际中文教育学科理论体系具有很强的开放性、包容性和动态发展性。为了满足甚至引领国际中文教育事业发展的需要，国际中文教育理论研究应加速创新，理论体系建设应具有一定的前瞻性和预测性，面向未来事业发展趋势，不断调整优化，才能让国际中文教育理论体系保持活力。

# 第二节　国际中文教育知识体系构建

知识体系是学科体系的重要组成部分，如何构建科学完善的国际中文教育知识体系是一个崭新的课题。2019 年，《世界汉语教学》编辑部组织了一个小型专家研讨会，受邀专家就"汉语国际教育知识体系的特色与构建"进行了深入讨论，多位专家提出，汉语国际教育知识体系的构建要考虑"教什么、怎样学、如何教"三方面内容。有学者提出，汉语国际教育这个学科的知识体系应该包括语言学知识、教育学知识、汉语言文字学知识、传播学知识、中国文化知识、中国历史地理知识、中国社会知识、世界文化知识、网络与智能技术知识、百科知识十个方面。有学者提出，汉语国际教育的知识体系应包括对象体系、内容体系、教法体系、资源体系、评测体系、教师队伍体系、政策法规体系、管理服务体系八大系统。受上述观点的启发，提出以下国际中文教育知识体系构建的基本思路。

## 一、分层构建与本、硕、博培养层次相衔接

国际中文教育人才培养分本科、硕士和博士三个层次，其知识体系构建亦应与人才培养层次相衔接，以便支撑相应层次的人才培养。与本科层次相对应的知识体系应包括主干学科中国语言文学的基础知识，如语言学概论、现代汉语、语言教学法、中国古代文学、中国现当代文学、比较文学与世界文学、世界中文教育概况、国际中文教育概论等，另一主干学科包括教育学的基本原理、教育心理学、课程与教学论、现代教育技术等基础知识，以及辅助性学科中国历史、世界历史、民族学、政治学、经济学等基础知识。与硕士层次相对应的知识体系应主要包括汉语作为第二语言教学、汉语语言要素教学、第二语言习得、中外语言对比、语言测试与评估、跨文化交际、国外中小学教育概况、国际中文教育概论、新技术在国际中文教育中的应用、科学伦理与学术规范等。与博士层次相衔接的应该是国际中文教育各主要研究领域的前沿理论动态、科研方法论与国际中文教育研究方法、国际中文教育及区域/国别中文教育发展的历史、现状与特点，国际政治、经济、文化对中文国际传播的影响等理论性、前沿性知识。

## 二、加速国际中文教育前沿理论知识转化

知识包含理论，但并非所有的知识都是理论。今天的知识可能是历

史上崭新的理论，然而一旦成为某一学科领域的基础性知识后，这些曾经的创新理论便转化为后人学习的知识。从这一点上看，理论具有历史性，理论和知识在特定历史阶段具有同一性。国际中文教育是一个崭新而又快速发展的学科，学科理论体系构建刚刚开始，新理论、新方法必然不断涌现，我们应该加速国际中文教育理论体系中的新兴理论的知识转化，使之快速成为新的知识，供各培养层次上的学生学习了解，并促进其再次成为理论创新和知识转化的基础。让理论与知识形成良性循环，有利于加速理论创新和知识更新，以便理论体系和知识体系日趋完善。

## 三、充分反映事业发展

国际中文教育包括教育和事业两部分。因此，在进行知识体系构建时，不仅要重视传统的基础知识，也要重视将国际中文教育事业发展的相关知识纳入，如国际中文教育事业发展的体制和机制、世界各国中文教育概况、国别中文教育政策及中文教育体系、孔子学院转型发展、公派中文教师及志愿者、新汉学计划、"汉语桥"系列中文比赛等国际中文教育骨干项目等，以便在不同层次的国际中文教育人才培养中，学生不仅能学到传统的书本知识，也能学到鲜活的事业发展相关知识，未来更好地为事业发展服务。此外，事业发展相关知识的构建，也有助于理论研究植根国际中文教育实践的土壤，使研究成果更接地气，更具有生命力。

## 四、突出主干学科并充分体现多学科交叉融合

国际中文教育知识体系构建应充分吸收主干学科中国语言文学和教

育学的已有知识，同时还要根据需要吸收与国际中文教育紧密相关的其他学科知识，充分体现交叉学科的特点。需要特别指出，国际中文教育知识体系的交叉并非简单的拼凑，而应该是其他学科知识与国际中文教育学科知识的深度融合。如教育学中的课程与教学论相关知识应与国际中文教育中的课程设置、教学方法深度融合，形成国际中文教育课程与教学相关理论；国外中小学教育概况既要包括国外中小学教育的基础知识，更应与海外中文教学实际结合起来，着重介绍对象国中小学中文教育的相关政策、体制、教学资源、师资、学生等情况；中外语言对比则应该突出中文与对象国语言之间的对比及其在教学中的应用，如汉西对比及其在西班牙语国家中文教学中的应用、汉阿对比及其在阿拉伯语国家中文教学中的应用等；跨文化交际除了介绍一般的跨文化交际理论与原则之外，更应该重点介绍中国人与对象国或异文化背景下人们之间的跨文化交际问题，以及在中文教学中的跨文化交际问题，如美国中文教学中的跨文化交际等。

## 五、兼顾语言与文化知识，注重普适性与针对性

国际中文教育中语言与文化密不可分，没有离开文化的语言，也没有离开语言的文化，国际中文教育承载着中文和中华文化国际传播的重任。因此，国际中文教育知识体系的构建，不仅要重视汉语言文字学、语言学及应用语言学、中外语言对比等语言知识，也要重视将相关的中外历史、文化、文学知识纳入学科知识体系。文化知识体系构建还应兼顾中国特色与国别特色，既要充分体现中文和中华文化特色，也要适当融入国别文化元素，为培养学兼中外的国际中文教育人才构建好相应的

知识体系。国际中文教育作为一个新兴学科，涵盖了世界各国中文教育，其知识体系首先必须体现全球普适性，其基本理论、方法、知识对各国中文教育人才培养都应该普遍适用。然而，全球国家众多，每个国家的国情、语情、教情不同，中文教育发展程度和特色各异。因此，其知识体系在确保普适性的基础上，还应根据对象国人才培养的需要，增加具有针对性的区域化、国别化、语别化的中文教育相关知识。

## 六、体现多元文明交流互鉴，及时反映新兴应用技术

国际中文教育知识体系构建应该站在"多元文明交流互鉴""构建人类命运共同体"的高度，应将与国际中文教育紧密相关的不同文明积累的知识财富和精华纳入知识体系，避免任何形式的文化偏见甚至文化歧视，为培养具有多元文化意识的国际中文教育人才构建丰富多彩的多元文明知识体系。长期以来，国际中文教育的教学形态主要是课堂面授教学。然而，新媒体、网络技术、增强现实、虚拟现实、人工智能、区块链等多种新兴技术不断涌现，并在国际中文教育领域快速普及，正在加速改变原有、单一的教学形态。这就要求国际中文教育的知识体系顺应数字化、信息化发展趋势，吸收与中文教育密切相关的新兴技术知识及其在教学中的应用知识，为培养技术素养良好的教学和研究人才服务。

# 第八章　国际中文教育开创新局面

## 第一节　国际中文教育事业创新发展

党的十九届六中全会是在重要历史关头召开的一次具有重大历史意义的会议，全会强调的"两个确立"对新时代党和国家事业发展、对推进中华民族伟大复兴历史进程具有决定性意义。《中华人民共和国国民经济和社会发展第十四个五年规划和2035年远景目标纲要》明确提出建设中文传播平台、构建中国语言文化全球传播体系和国际中文教育标准体系，为国际中文教育事业创新发展标定了方位、绘制了蓝图、明确了要求、指明了方向。

### 一、坚持稳中求进，强化开拓创新

2021年，教育部中外语言交流合作中心（简称"语合中心"）作为发展国际中文教育事业的专业公益教育机构，着眼后疫情时代，顺应国际中文教育大趋势、大潮流、努力推动国际中文教育事业实现新突破、取得新发展、再上新台阶。

### （一）加强国际中文教育领域标准体系建设

2021年4月，历经3年多的酝酿，《国际中文教育中文水平等级标准》正式以国家标准形式对外发布，这是我国首个面向外国中文学习者、全面描绘评价学习者中文语言技能和水平的规范标准，也是中华人民共和国成立 70 多年来国际中文教育经验的集大成者。围绕新标准，已面向海外发布 8 个语种对照版，与 20 多个语言教育机构进行标准推介和认证对接；组织实施教师、教材、课程、考试等系列标准修订工作，并根据行业发展的新趋势，研发《职业中文能力标准》和"1+X"中文在线教学技能等级证书。

（二）大力推动实施在线中文教育

新冠肺炎疫情持续蔓延，对全球中文教育造成巨大冲击。为满足全球中文学习者大规模在线教学需求，"语合中心"于 2020 年 3 月应急推出"中文联盟"云服务教学平台，面向全球免费开放在线中文教学资源，提供居家网考服务，确保了疫情防控期间国际中文教育停课不停学、不停教、不停考。目前"中文联盟"上线课程已突破 340 多门、1.6 万多节，为 210 多个国家和地区的中文教学机构及全球 500 多所孔子学院提供在线教学服务，惠及全球 2000 多万名中文学习者。创新实施特色远程教学项目，目前已与海外中文教育机构合作共建 15 家网络中文课堂和中文学习测试中心，有力助推了中文在线教育多样化发展。

（三）持续强化教师队伍和教学资源体系建设

国际中文教学遍布全球各地、教学对象多样、教学环境差异大、对教师的适应性、教材的多样性提出了更高要求。为此，"语合中心"一方面持续打造高水平师资队伍，通过线上线下、岗前岗中相结合方式，2021 年培训外派教师、志愿者及各国本土中文教师近 1 万人次；为应对疫情影响，通过实施海外教师延期、志愿者转教师、加大本土人员选聘等方式，有效确保海外一线中文教学不断线；创新国际中文教师奖学金资助模式，招收100多个国家和地区的1万名外籍学生用于培养海外本土师资。另一方面持续推动构建中文教学资源体系，积极与世界各国教育机构合作研发本土教材和课程大纲，发布《国际中文教育教学资源发展报告》，编印外国人讲中国故事系列丛书，为全球中文学习者提供优质中文教育资源和服务。

（四）多渠道拓展国际中文教育合作领域

2021年9月10日，在中国与瓦努阿图两国教育部门的推动下，瓦努阿图成为全球第76个将中文纳入国民教育体系的国家，这对中文在瓦和南太平洋地区的传播起到了重要推动作用。继续通过派遣教学顾问、提供奖学金等方式，支持16国20所高校中文师范专业建设和发展，极大增强了本土中文师资的自我造血能力，有力促进了师资队伍本土化高水平发展。大力实施"中文+职业教育"，开设"中文+经贸""中文+旅游""中文+高铁"等职业领域特色课程；与泰国教育部门签署协议，共建全球首所语言职业教育学院，目前已吸引20余所泰方职业院校加入。主动满足联合国世界旅游组织、上合组织、东盟等国际组织中文需求，联合英国文化教育协会、法语联盟等语言文化推广机构开展多个语言文化合作项目。主动服务国际传播能力建设。综合运用新媒体平台和现代先进科学技术，聚焦青年一代，通过组织开展国际中文日、唱歌学中文等系列活动，以及组织历届"汉语桥"冠军录制系列"讲述真实中国"短视频等形式，面向海外真实、立体、全面展示中国。针对疫情影响，创新推出"民以食为天"中国饮食文化、"城与乡"中国建筑文化遗产等线上文化展览,累计吸引 1000 多万人次在线浏览。继续采取"云赛场"模式,顺利完成"汉语桥"系列比赛,吸引 100 多个国家和地区 3 万余名外国青少年热情参与。持续推动"汉语桥"俱乐部海外站点建设,吸引 38 万"汉语桥"选手注册会员。加大"新汉学计划"资助力度,择优录取 43 个国家和地区 85 名博士生在线学习中文和中国文化;组织实施高级翻译人才培养项目,吸引 50 多个国家和地区 400 余人参与。

**二、科学谋划发展,勇毅担当作为**

当前,国际中文教育事业发展机遇与挑战并存。"语合中心"将深入学习贯彻党的十九届六中全会精神,秉持平等、互鉴、对话、包容的文明观,将大力支持各国中文教育作为义不容辞的责任,以高度的责任感、使命感和干事创业的工作热情,推动国际中文教育事业可持续高质量发展。

(一)聚焦主责主业,持续深化内涵建设

充分发挥学科在推动国际中文教育发展过程中的基础和先导作用,鼓励国内高校加大资源和政策倾斜力度,支持中文国际教育专业学位建设,持续提升国际中文教师培养质量和水平。打造国际化、专业化、本土化的高水平教师队伍,加快培养面向"一带一路"沿线国家和地区的"中文+小语种""中文+多语种"的跨文化教学人才。加强精品教学资源研发和供给。继续资助开展国际中文教育基础理论与对策研究项目,强化成果应用，更好地服务事业发展过程中的各个环节。

（二）坚持标准引领，科学化规范化推动事业发展

标准是掌握一门语言、教好一门语言的核心要素，新版中文水平等级标准已对外发布。对标新标准，一方面将继续组织实施教师、教材、考试等各类标准修订工作，不断完善国际中文教育系列标准体系，提升标准的时代性、适用性；另一方面将继续加强与各国、各地区语言标准的对接和认证，努力实现新标准融入当地教育体系，成为全球语言标准体系的有机组成部分，促进全球语言多样化发展。

（三）加强内外联动，构建新型办学体系

要在现有基础上，不断适应新形势下的时代要求和任务，努力推动国际中文教育办学体系朝着多元化、多主体、多模式方向发展。配合支持更多国家将中文纳入国民教育体系，推动中文教育本土化高质量发展。推动支持中外高校共建中文院系专业，开设中文课程，加快提升全球高校中文教学覆盖率。将中文教育、双语学校等纳入支持框架，予以统筹考虑。继续支持孔子学院创新发展，鼓励其持续发挥中外语言文化交流平台功能。鼓励和支持各类教育企业积极参与国际中文教育办学，加快培养和壮大国际中文教育市场。

（四）坚持科技赋能，加快培育新型业态

随着科学技术进步和教育理念革新，各国民众特别是青少年学习的渠道和方式越来越现代化、多元化、个性化，要充分利用网络化、信息化、数字化手段，多层次、机制化推进国际中文在线教育。完善"中文联盟"平台服务功能，打造权威在线中文学习平台，加快推动高质量建

设网络中文课堂、中文学习测试中心，按需共建"一师、一课、一屏"中文智慧教室，深度研发智能评测系统，助力实现全球中文智慧教学、智慧考试。

（五）推动中文多场域应用，全面提升实用价值

继续加大"中文+职业教育""中文+专业特色"实施力度，依托海外中资企业加速推进"中文工坊"项目试点，为各国民众拓展就业渠道、实现更好个人发展创造条件。加强与联合国教科文组织、各国教育主管部门和教育组织、世界知名语言文化传播机构等沟通协作，通过联合举办国际会议、开展语言文化项目合作等方式，积极贡献中国智慧，提供中国方案，促进全球国际中文教育协调发展。征程万里风正劲，重任千钧再奋蹄。展望未来，"语合中心"携手各方，与全球各国人民一道，积极回应时代需求，讲好中国故事，传播好中国声音，为推动国际中文教育事业高质量发展，促进中外民心相通、文明互鉴，为铸牢中华民族共同体、推动构建人类命运共同体做出新的更大贡献。

# 第二节　推动国际中文教育高质量发展

## 一、国际中文教育发展有了新成效

近年来，为应对世界各国多元学习需求，我们始终坚持以学习者为中心，积极探索民间化、市场化、国际化发展路径，推动国际中文教育取得新成效、新进展。

　　推进国际中文教育标准体系建设。2021 年 3 月发布首个面向各国学习者的《国际中文教育中文水平等级标准》，陆续出版英语、日语、阿拉伯语、泰语等 14 个语种版本，推动新标准全球推广应用。依托新标准，完善 1~9 级考试测评体系，研制《国际中文教育用中国文化和国情教学参考框架》，发布《国际中文教育数字资源建设指南（试行）》和《国际中文在线教育行动计划（2021—2025）》，为各国中文学习者、教育者、研究者提供资源和服务。2022 年 6 月，以世界汉语教学学会团体标准方式对外发布了《国际中文教师专业能力标准》，推动国际中文师资队伍建设科学化、规范化发展。根据行业发展趋势，研发《职业中文能力标准》和"1+X"中文在线教学技能等级证书。

## （一）实施国际中文教育数字化发展

　　持续提升"中文联盟"云服务教学平台服务能力，目前上线课程已达 300 多门类 1.8 万多节，惠及全球 200 多个国家和地区的逾千万中文学习者。支持中外机构在全球 17 个国家共建 20 家网络中文课堂，在 20 个国家共建 30 家中文学习测试中心，在 10 个国家共建 11 个中文智慧教室，确保疫情防控期间国际中文教育"停课不停学、不停教"。创新发展居家网络考试，助力日本、俄罗斯等 26 国中文考试规模实现逆势增长。

　　加强国际中文教师队伍建设。持续做好国际中文教师和志愿者选培派管工作，疫情防控期间每年海外在岗中方教学人员 6 千多人，不断加强线上线下、岗前岗中培训。支持 110 所高校选拔储备 1 千多名专职骨干教师。实施本土中文教师发展支持计划，支持中外高校共建中文师范专业。疫情暴发以来，国际中文教师奖学金每年通过线上线下相结合方式资助外籍学生近万人，与中外院校签署11个"订单式"联合培养本土中文教师协议，促进国际中文教育本土化内生发展。

（二）推动国际中文教育学科发展

2022年9月，《研究生教育学科专业目录（2022年）》增设国际中文教育专业博士学位，实现国际中文教育本、硕、博人才贯通培养。2022年，支持国内198所国际中文教育专业授权点高校培养专业硕士研究生7000余人、专业博士研究生146人。与世界汉语教学学会联合发布《国际中文教育研究课题指南》。2020年以来，资助国内外教育管理者、教师、智库、专家等开展基础理论与实践研究600余项，为国际中文教育学科建设和中青年教师发展提供支持。打造国际中文教育品牌矩阵。精心培育"汉语桥"品牌，系列中文比赛每年吸引100多个国家20万人热情参与；组织"汉语桥"线上夏、冬令营，累计吸引180多个国家和地区近10万名中文学习者参与；加强16家"汉语桥"俱乐部海外站点建设，注册会员50多万人。发起"国际中文日"，2020年以来，共开展内容丰富、形式多样的语言文化交流活动1000余场，吸引全球150余个国家1.5亿人次参与，2022年11月"国际中文日"入选世界互联网大会"携手构建网络空间命运共同体精品案例"。实施"唱歌学中文"项目，设立中文特色教室。实施"新汉学计划"，大力培养青年汉学家和高级中文人才，累计支持90个国家850名青年学者来华攻读博士学位或开展研修。开展"中文+职业技能"教育，支持中泰语言与职业教育学院、中国赞比亚职业技术学院建设与发展，支持开设"中文+经贸、旅游、高铁"等职业领域课程,在海外建立 19 所"中文工坊"。强化国际中文考试服务能力,截至 2022 年 12 月,全球 162 个国家地区共设有考点 1330 个,累计服务考生 5000 万人。

(三) 拓展国际中文教育合作领域

实施美国中小学中文教育专项,首批资助纽约、马里兰、肯塔基等 12 个州 58 所中小学开设中文课程。与加拿大、新西兰教育管理部门签署协议,支持两国 40 多所中小学开展中文教学。与阿联酋教育部合作实施"百校项目",为阿联酋 158 所学校 5.4 万名学生开设中文课,实现从幼儿园到高中全覆盖。支持沙特中文学习者参加"汉语桥"线上团组项目。在埃及 12 所学校开展中文教学试点。支持英国教育部、英国文化教育协会、伦敦大学学院教育学院联合举办"中文培优"线上夏令营活动,累计吸引 9700 多名英国中学生参与。支持国内中小学与美国、英国、瑞典、日本、哥伦比亚、新加坡等 13 个国家的中小学结成 33 对语言伙伴学校。与世界旅游组织、东盟等国际组织合作开展中文项目,支持世界汉语教学学会开展国际学术交流,提升国际中文教育全球治理水平。

在中外的共同努力下,目前全球有 180 多个国家和地区开展中文教学,81 个国家将中文纳入国民教育体系,开设中文课程的各类学校及培训机构 8 万多所,正在学习中文的人超过 3000 万人。国际中文教育的蓬勃发展,有力促进了中外人文交流、文明互鉴、民心相通,彰显了语言学习交流在推动构建人类命运共同体中的重要作用。

推动构建国际中文教育高质量发展新格局,习近平主席高度重视语言交流合作和国际中文教育，在出席首届中国—阿拉伯国家峰会前夕，专门复信沙特中文学习者代表，强调语言是了解一个国家最好的钥匙，学习彼此的语言，了解对方的历史文化，将有助于促进两国人民相知相亲，也将为构建人类命运共同体贡献力量。习近平主席在出席首届中国—阿拉伯国家峰会时，指出"要加强文明交流，增进理解信任，要扩大人员往来，深化人文合作"。在出席首届中国—海湾阿拉伯国家合作委员会峰会并发表主旨讲话时指出，打造语言文化合作新亮点，中国将同300所"海合会"国家大中小学合作开展中文教育，同"海合会"国家合作设立300个中文智慧教室、提供3000个"汉语桥"夏（冬）令营名额，建立中文学习测试中心和网络中文课堂，举办中海语言文化论坛，共建中海人文交流和互鉴双语文库等一系列重要举措，对国际中文教育未来发展指明新的方向。要深化务实合作，打造更加开放包容的国际中文教育新格局，努力为各国民众学习中文提供优质的体验和服务，对国际中文教育发展提出了新的要求。语合中心愿与各方携手并肩、共同努力，继续发挥中文母语国的责任，坚持以学习者为中心，弘扬和平、发展、公平、正义、民主、自由的全人类共同价值，踔厉奋发、守正创新，以高度的责任感、使命感落实推动国际中文教育事业高质量发展，为增进人民相互理解、深化文明交流互鉴做出新的更大贡献。

## 二、重点将抓好以下几项工作

（一）加快构建科学规范的国际中文教育标准体系

科学发展，标准先行。聚焦中文教育主业，推进《国际中文教育中文水平等级标准》全球推广与应用，加强与各国语言标准对接和认证，及时修订和完善教师、教材、教学、考试等各类标准，不断提升标准的时代性、适用性。对标新标准，开发贴近不同国家、不同群体实际需求的教学大纲、教学资源和教学工具，提供高质量的国际中文教育服务。

打造多主体、多层次、多模式的国际中文教育办学体系。坚持平等合作、互利共赢原则，深化中外机构合作，配合支持各国中小学开展中文教学，努力将中文纳入更多国家国民教育体系。支持各国高校中文专业和课程建设。促进全球孔子学院提质增效、创新发展。鼓励各类企业、社会组织等参与国际中文教育办学，推动国际中文教育民间化、市场化、国际化运作。

（二）强化国际中文教育高素质人才培养

支持国际中文教育学科建设，加强国际中文教育专业人才本、硕、博一体化培养，强化岗前岗中、线上线下相结合培养培训，提升人才队伍专业化、职业化水平。继续推进本土中文教师发展支持计划，实施国际中文教师奖学金专项资助计划，提升各国本土教师自我"造血"功能，不断健全、壮大中外结合、专兼结合的国际中文教师队伍。创新国际中文教育信息化、数字化、智能化建设。顺应世界各国民众特别是青少年现代化、多元化、个性化学习渠道和方式，充分利用大数据、云计算、人工智能等新兴科学技术，进一步加强教学理念和模式创新，完善"中文联盟"云服务教学平台服务功能，研发在线中文教学资源，支持网络中文课堂、中文学习测试中心、中文智慧教室全球高质量发展，推动线上线下教学融合发展，培育国际中文教育数字化转型。持续服务国际传播能力建设。精心打造"汉语桥""新汉学计划""国际中文日""唱歌学中文"等品牌矩阵，创新实施国际中文教育伙伴计划等中外语言交流合作项目，办好国际中文教育大会，不断丰富传播形式，增强传播效能，展现可信、可爱、可敬的中国形象。继续与世界汉语教学学会联合资助国际中文教育领域开展学术研究，资助国内外高水平期刊共建国际中文教育研究专栏，支持高质量研究成果转化，为国际中文教育高质量发展奠定坚实的理论基础。

（三）积极推动中文应用

大力实施"中文+职业技能"教育，支持各国教育机构开设"中文+职业""中文+专业"课程，依托海外中资企业加速推进"中文工坊"项目试点，通过语言帮助各国民众开辟人生发展的新通道，提升语言学习的获得感。加强与国际组织、各国语言文化传播机构等合作，促进中文在国际市场的应用，为各国民众来华留学、工作、旅游、居住等提供语言支持和服务。

# 第九章 国际中文教育面临的挑战与对策

## 第一节 国际中文教育的发展机遇与挑战

随着我国"一带一路"倡议的提出及"互联网+"时代的到来，我国的经济形态和人民的意识形态都发生了巨大变革。这不仅意味着中国经济发展上升到一个新的层次，也预示着我国的教育发展与人文合作迎来了新的契机。2013年9月，习近平主席在哈萨克斯坦访问时提出了为了使欧亚各国经济联系更加紧密的"五通"（"政策沟通""道路联通""贸易畅通""货币流通""民心相通"）。而这"五通"都要建立在"语言互通"的基础上。汉语作为主要的交际媒介，不仅要帮助企业"走出去""引进来"，还要实现自身的进一步国际化。让更多的人学习汉语、掌握汉语是"互联互通"的前提。2015年3月，李克强总理在第十二届人民代表大会第三次会议上提出了"互联网+"的行动计划，引领互联网与各行各业结合起来，创造一种新生态。现代技术的发展也促进国际汉语教育模式冲破传统的桎梏，让汉语教学更灵活、更先进、更具有可操作性，促使国际汉语教育在新形势下寻找自己的变革之路。

## 一、汉语将成为更加重要的交际工具

20 世纪 80 年代，中国实行"开放"政策。越来越多的外国留学生来到中国学习汉语，形成一股"汉语热"。报纸说中国的国际地位提高了，10 多亿人使用的汉语是世界上使用人口最多的语言，有崇高的国际地位；全世界的青年，只要有可能，都希望学习汉语。

学习汉语的留学生不断增加。中国除北京语言大学这样的主要接受外国留学生的学校以外，各地原来不接受留学生的大学也开办留学生班。实行"开放"以前，只有交换留学生，主要来自"第三世界"国家；现在有了大量的自费留学生，主要来自发达国家。

人们相信，21 世纪将是太平洋的世纪，中文是进入这个时代的一把钥匙。写汉字、读四声对西方学生来说是很难的。美国有些学校规定，成绩达到 A 的学生才能读中文。读中文成了一种荣誉，中文的形象从"古董"变成了"时髦"。

## 二、"一带一路"急需区域化、高层次国际汉语师资力量

"一带一路"沿线涉及的 60 多个国家按照区域划分可分为东亚、西亚、南亚、中亚、独联体、中欧、东欧和北非。王辉梳理这些国家的语言政策，得出的结论是"一带一路"沿线国家外语教育政策的特点是：英语的普及化和外语使用的区域化，即在相同区域内的各国外语使用具有相似性。另外，"一带一路"沿线多数国家都是发展中国家，这些国家的汉语教学无论是教师，还是教材都存在着很大的缺口。我们需要大量既懂他国语言，又具有专业素质的汉语教师，同时也应该有计划、有

步骤地培养"一带一路"沿线国家的本土汉语教师。

近几年，国家汉办（原国家汉语国际推广领导小组办公室，现为教育部中外语言交流合作中心）严格规范了汉语公派教师的选拔程序，保证了派出汉语教师的质量，但其中也不乏由于一些国家语言的限制，选不出合适人选的情况。据统计，"一带一路"沿线涉及50多种官方语言和200多种少数民族语言，而在我国授课的语言只有40多种，大部分汉语教师没有这些国家的语言教育背景。同时，在大量派出的教师中，其中外语类人才占了多数，国际汉语教育专业教师的比例较低。

国内专业的汉语教育人才数量不能满足海外汉语师资的需求。因此，面对此种局面，各高校要负起责任，合理设计国际汉语师资培养方案及课程设置，增加小语种课程，多方位培养国际汉语教育者。另外，可给来华留学生开设汉语教育公共选修课，欢迎有志于促进各国发展与往来的各专业的大学生掌握一定的汉语教学知识和技能，培养多层次的汉语教育人才。国际汉语教育的教师不仅要掌握扎实的专业知识，而且要精通中国传统文化，熟悉各种课件及教学软件的使用，了解目的国的语言、文化、礼仪及宗教等等。根据汉语教师的语种划分区域，培养区域化人才，针对目的语国家的学生的语言和文化特点有针对性地拓宽培养路径、优化培养模式。目前，国际汉语人才的培养途径大致可以概括成以下两种：一是"引进来"。国内面向海外学生的教育课程体系主要有"汉语教育"和"汉语教育+X"两种，"X"是专业知识。因此优化国际汉语教育课程设置，增加专业的灵活性成了当务之急。同时，发挥一流大学和一流学科的优势，吸引更多"一带一路"沿线国家，特别是发展中国家的留学生来华学习。一是"走出去"。我们要将培养好的国际汉语教育专业人才以国家交流、孔子学院等方式派往国外进行汉语教学，让他们对当地人进行汉语培训。同时，在国内大学或者研究机构成立或扩大翻译专业。与传统的培养翻译专业的重点不同，除了注重语言上的交互之外，还要让这些国际汉语教育专业人才对国外的语言文化政策有一定的了解，以方便他们通过对当地人的了解，选取适合当地人的教学模式，避免授课方式千篇一律的弊病。优化留学生结构，不仅继续接收欧美等发达国家留学生，在政策上重点扩大"一带一路"沿线国家的留学生，来华学习汉语的条件，培养更多第三世界国家的汉语及汉文化传播的使者。

### 三、"互联网+"推进汉语教学模式变革

高科技的不断发展使得教学手段也得到日新月异的发展。传统的教学模式已经不再是学生唯一的学习方式。随着"互联网+"时代的到来，包括汉语教学在内的教学模式的种类与日俱增。只采用一种教学模式授课已经不再能满足学生的要求，汉语教学模式急需变革。

鉴于此，我们需要把信息技术引入传统汉语教学模式中来。将新颖、有趣、高效的新式教学模式引入课堂。例如，制作汉语学习智能软件供学生下载使用。汉字书写一直是外国学生学习汉语的难点之一，利用在手机上安装汉字笔顺演绎软件可以随时帮助学生学习汉字书写，也可作为课堂教学的重要辅助手段。

另外，将慕课等互联网技术引入教学中，让学生可以足不出户就能和教师进行交互，提高学生的积极性。除此之外，慕课等授课形式相较于传统授课更加灵活，可以重放和回放。除了这些技术之外，还可以将

课堂从教室搬到平台上来。优秀的汉语教师通过视频软件将自己的授课内容传到网络上，学生通过点击浏览的方式学习。教师还可以通过视频直播的形式与世界各地学生交流，在共享优质教学资源的同时，降低学生的学习成本，让更多的人有机会接触汉语，学习汉语，体验汉文化。

"一带一路"不仅是中国走向世界的经济带，也是语言和文化互通的桥梁。我们要借着国家大力发展经济文化交流的契机，把握机遇，应对挑战，培养区域化、高层次的汉语师资力量，拓宽培养路径，优化培养模式，推进互联网在汉语教学中的应用，做好汉语教学的研究及传播的工作，为国家"一带一路"建设铺路。

# 第二节　新形势下发展的应对之策

当下世界面临百年未有之大变局，世界秩序重塑，以美国为代表的单边主义和贸易保护主义甚嚣尘上，大国之间的竞争和对抗日益加剧，俄乌冲突增加了未来世界的不确定性。在此国际形势之下，新时期国际中文教育的发展遇到了一些挑战，正如国家语言文字工作委员会马燕生指出的：第一，在世界形势大变局下，国际中文教育的国际环境持续恶化，其进一步发展面临着前所未有的挑战；第二，随着现代化信息技术的快速发展，国际中文教育的传统教育教学方式已经不能适应形势变化和时代发展的需要；第三，国际中文教育学科发展相对滞后，不能适应新时代中文国际推广事业的发展需求；第四，国际中文教育人才培养理念和模式落后，无法满足汉语国际推广事业对高素质和足够数量的国际中文教育人才的需要。为了应对国际中文教育学科发展面临的挑战，做好学科在新时期的转向，保障学科的健康发展，新时期我们需要重点做好以下几方面的工作。

## 一、厘清学科归属

国际中文教育在本科阶段不论其名称是对外汉语还是汉语国际教育，都属于文学门类的中国语言文学专业类；硕士、博士阶段的汉语国际教育、国际中文教育却是隶属于教育学门类。这样一来，国际中文教育学科的本科和研究生阶段隶属于不同的一级学科，学科设置缺乏系统性。一些知名学者对国际中文教育的学科归属也有不同的认识，国际中文教育是面向中文作为第二语言的学习者的教育，属于应用语言学领域。国务院学位委员会、教育部于 2020 年决定设置"交叉学科"门类（代码为 14），借此机会将国际中文教育设置为一个交叉学科。如果能成为独立交叉学科，且本科和研究生阶段一致起来，国际中文教育的发展基础会更宽厚，学生专业思想会更加牢固，也能更充分地利用国家对交叉学科的有关政策，促进学科的快速、高质量发展。

## 二、强化内涵发展

从对外汉语教学到汉语国际教育，再到国际中文教育，学科内涵越来越丰富，国际中文教育学科理论体系构建研究应该涵盖学科基本理论、学科应用理论、区域、国别、语别学科理论体系等。教育部中外语言合作交流中心主任马箭飞认为，国际中文教育要聚焦语言教学的主责主业，充分发挥相关学科在推动国际中文教育发展过程中的基础和先导作用；鼓励国内高校加大资源和政策倾斜力度，支持国际中文教育专业学位建设；加强内外联动，努力促进国际中文教育办学体系朝着多元化、多主体、多模式方向发展；推动中文多场域应用，继续加大"中文+职业教育""中文+专业特色"的实施力度，全面提升中文实用价值。

### 三、加强以"三教"为核心的基础研究和建设

近年来，我国国际中文教育的基础研究和建设取得了可喜的成绩。在教师培养方面，形成了从本科到硕士再到博士的完整培养体系。截至目前，汉语国际教育专业全国普通高校每年的毕业生规模为 2 万人左右。在教材方面，截至目前，全球共有国际中文教育教材 19530 种，支持 126 个国家（地区）研制本土教材 3466 种，开发国际中文教育数字教材 3679 种。其中，商务印书馆的对外汉语专业本科系列教材、北京语言大学出版社的对外汉语教学专业教材系列、外语教学与研究出版社的汉语国际教育硕士系列教材核心课教材是教材建设的核心成果，它们体现了学者们对于国际中文教育教学方法的研究成果。但与国际中文教育所承担的伟大使命要求相比，这些还远远不够。我们培养的高水平国际中文教育师资还远远满足不了国内外教育发展的需要。教材总量不小，但如果根据适用对象的国别、年龄、文化背景、需求差异进行细分的话，又不免相形见绌。

被广泛认可的、标准的国际中文教育"语音汉字词汇—语法"子体系尚未形成；基于中文教学的第一语言教学理论还未诞生；在线中文资源散乱无序，无法高效利用，等等。当前，国际中文教育需要比以往任何时候更加关注汉语汉字教学自身的问题，更加坚定走适合汉语特点的教学之路的道路自信，更加坚定建构既体现二语教学共性又体现汉语二

语教学个性的教学法体系的理论自信。

我们从师资培养政策改革、师资教育体系和培养模式改革、师资评价发展上下功夫，以保证充足的、质量合格的汉语师资投入国际中文教育事业之中。要深入开发教材等教学资源，既要重视传统的纸质教学资源的使用，又要重视新型数字化教学资源的开发和应用，以提高国际中文教育的效率和质量。要深入研究、借鉴西方发达国家二语学习和教学理论，重视理论与国际中文教育实际的结合，做好语音、汉字、词汇和语法要素的国别化教学、中华文化教学、传播理论教学等。同时，还要高度重视现代教育技术在国际中文教育中的使用推广和研究。

## 四、改革教学模式

从对外汉语到汉语国际教育，再到国际中文教育，尤其是在疫情影响之下，传统的教学形态和组织方式被彻底颠覆，面对面的教学模式在很大程度上被远程虚拟课堂代替；直播、录播或二者并用成为新型的授课方式。为了成功地实现国际中文教育教学模式的转型升级，首先要求国际中文教师与时俱进，熟悉计算机操作，学习运用好现代教学技术；其次，要掌握一些常用教学平台的操作技巧，如腾讯、雨课堂、钉钉、"全球中文学习平台""中文联盟"等；第三，要求国际中文教师转变教学观念，从对相关教学技术的陌生、被动应用转变到熟悉、主动应用，改变过去重线下轻远程的意识，创造线上线下相结合、线上主讲与社交媒体辅导相结合的多种中文教学模式。

## 五、加强相关制度和标准体系建设

当前，国际中文教育已步入由高速规模扩张向高质量内涵发展转变的新时期，教育标准体系作用的重要性越发突显。为了更好地服务于世界各国的中文教育，实现国际中文教育的有效供给与转型发展，我们必须注意以下几个方面：

（一）进一步完善《国际中文教育质量等级大纲》（1992 年）、《汉语水平等级标准与语法等级大纲》（1996 年）；有效提升《汉语国际教育用音节汉字词汇等级划分》（2010 年）质量监督评估体系，规范国际中文教育工作机制，《国际中文教育中文水平等级标准》（2021 年）

（二）提升国际中文教育水平。只有持续推动国际中文教育制度建设的规范化、制度化、科学化，才能有力推进国际中文教育事业的健康和可持续发展。我们需要参照国际中文教育发展总体规划和不久前出台的《国际中文教育中文水平等级标准》，制定教师队伍建设标准、中文教材编写标准、教学方法标准等，并进一步细化和落实这些本土化标准建设。

（三）国际中文教育既是一个朝气蓬勃的学科，同时也是一项为国家战略紧密服务的事业。从对外汉语教学到汉语国际教育，再到国际中文教育的发展与升级，给我们带来了困难和挑战，但同时也带来了一些发展机遇。只有把握时代脉搏，不断改革创新，才能使国际中文教育学科永葆学术活力，才能更好地服务国家发展，服务国际中文教育事业和学科发展大局，推动中文和中华文化加快走向世界，为构建人类命运共同体做出贡献。

# 第三节　新媒体背景下的机遇与挑战

随着我国综合国力以及在世界舞台上影响力的不断提升，汉语国际教育已经成为我国汉语教育体系的重要组成部分。如何依托新媒体平台促进汉语国际教育效果的提升是当前汉语国际教育领域研究的一个主要方向。想要探讨新媒体背景下我国汉语国际教育所面临的机遇和挑战，根据不完全统计，我国在全世界数十个国家成立了孔子学院，国外很多高校也把汉语作为重要的语言学习方向。在这一背景下，高校开展汉语国际教育，有效地提升学习者的汉语应用水平已经作为一个重要的议题被提上了议事日程。以下尝试探讨在新媒体背景下，汉语国际教育所面临的机遇与挑战，对于促进该领域相关研究的深入和完善有着一定的积极意义。

## 一、新媒体背景下汉语国际教育的现状

新媒体是一种包含各种数字化内容的媒体形式，以数字化的传统媒体、移动端媒体、数字报纸杂志、网络媒体为主。作为一种相对概念，新媒体是在传统媒体，如报刊、广播的基础上不断发展建立起来的一种全新的媒体形态。新媒体是相对于传统媒体而言的一种媒体形态，可以有效满足当前背景下信息多元传播的需求，以网络作为媒介，借助微博、微信的形式实现信息交流，强化人际交往。从目前来看，汉语国际教育无论是在理论研究层面还是在教育实践层面，都取得了丰硕的成果。每年数以万计的汉语国际教育毕业生获得相应的学位，汉语已经成为其谋

求更好发展的重要的语言工具。

随着我国"一带一路"建设的开展，我国和非洲、南亚、南美等诸多国家在汉语国际教育领域，无论是在合作的广度方面，还是在合作的深度方面，都取得了举世瞩目的成就。特别是很多国家陆续建立了汉学院，为助推汉语的学习提供了必要的支持。另外，我国每年都会举办汉语国际教育教学交流大会。在大会开展过程当中，主要是以学生为中心，进一步进行跨文化交流。无论是澳大利亚，还是尼日利亚，以及布隆迪等，诸多高校都进一步为学生的汉语教育发展提供更加广阔的发展平台。在此基础上，我国也进一步加大了国际汉语教育师资力量的选派力度和培养力度，将汉语国际教育纳入高校语言教学体系并积极开设汉语国际教育学生实践基地。通过中外之间的交流与合作，特别是国际汉语教师资格证的审核与评定，更好地助推汉语国际教育的科学发展。

## 二、新媒体背景下汉语国际教育发展面临的机遇

新媒体涵盖了所有数字化的媒体形式，包括所有数字化的传统媒体、网络媒体、移动端媒体、数字电视、数字报刊杂志等。新媒体是一个相对的概念，是报刊、广播、电视等传统媒体以外新发展起来的媒体形态，包括网络媒体、手机媒体、数字电视等。这些平台的出现进一步满足了多元的传播发展要求。所谓的新媒体，主要是与传统的媒体相对而言。一般说，新媒体主要是依托网络通信中介，以及微博、微信等自媒体形式进行信息的交流以及人际的交往。从整体上看，新媒体时代主要呈现出以下几个方面的特点：

（一）交往的多元化

在新媒体的背景下，无论是在交往媒介方面，还是在交往的内容方面，都呈现出更加多元的特点。这就意味着原有的媒体交往无论是在形式方面还是在思维内涵方面，都迎接着新的发展机遇。

（二）交往的个性化

新媒体依托互联网思维，更好地兼顾个人的语言发展诉求，更好地提升个体的全面发展能力；在这一背景下，更好地注重个体的语言素养能力的综合提升与个性化的发展水平。这新媒体背景下，这些都是语言学习的一个主要方向。

（三）交往的国际化

在新媒体背景下，语言的交流已经跨越了国界，特别是汉语作为一种语言的中介，不仅起到一定的沟通和交流作用，更能够促进中外友谊的巩固和深化。所以，更好地提升新媒体背景下的汉语言教育效果具有极为重要的意义。从以上的分析看出，汉语国际教育在新媒体的时代背景下，主要面临着以下几个方面的机遇：

1. 教育的广度进一步扩大

通过依托新媒体等相关的教育平台，汉语国际教育的受教育者在数量方面将会进一步地扩大，这就对教育的方法提出了更高的要求；同时，新媒体有助于提升汉语国际教育的综合影响力。

2. 教育因材施教将会得到进一步的提升

所谓的因材施教，就是根据学习者的个性化差异更好地促进其学习目标的实现。通过依托新媒体平台，根据个性化的定制需求，有助于提高汉语国际教育中的因材施教水平，从而更好地提升学习者的综合能力。

3. 有助于提升汉语国际教育的文化交流水平

所谓的文化交流水平的提升，就是更好地帮助受教育者在文化领域进行更深层次的交流与互动。一方面，在文化的传播内容方面进一步地进行深化；另一方面，在文化的传播渠道方面也得到进一步的拓展。基于新媒体平台，科学有效地传播汉语文化，特别是中华民族的传统文化，将是今后新媒体时代，我国汉语国际教育的重要发展方向。

4. 为汉语国际教育的开展创造了全新的探索平台

随着新媒体平台在社会上的不断普及，各国文化得到进一步融合。新媒体中存在着大量的资源，通过多种手段获取有利的资源，为在华留学生汉语国际教育学习资源的获取提供了全新的途径。外国留学生经过一段时间的学习后，已经掌握了一些基础的词汇、句式和语法，并且在课堂上灵活运用。然而，在实际交流过程中他们却经常无法熟练应用各类中文句式进行交流，会导致一定的挫败感。有多种原因可能对外国留学生的交际能力造成影响，其中最为关键的一个因素就是学生的母语和目的语之间存在的文化差异。通过新媒体平台，结合留学生的具体需求定制独特的学习系统，为留学生提供大量的信息，有效激发留学生的学习积极性，让留学生有更大的勇气参与课堂教学，主动表达自己的观点，有效提升了在华留学生的跨文化交际能力，让他们可以更好地适应汉语国际教育课堂。

5. 切实提升了教育的广度和文化交流能力

将新媒体平台作为媒介展开汉语国际教育，可以有效扩大学生的范围。因此，需要不断优化教育方法，以促进汉语国际教育的影响力提升。通过引导受教育者展开文化层面的深度交流，能有效提升汉语国际教育的文化交流水平。首先，能促进文化传播的深化；其次，让文化传播渠道得到有效拓展。在新媒体平台的基础上，展开汉语文化的高效传播，以促进汉语国际教育的发展。

6. 实现因材施教

通过新媒体平台展开汉语国际教育的教学，可以充分尊重学习者的个性差异，有效达成学习者的学习目标，让汉语国际教育的因材施教能力得到切实提升，有效保障学习者的综合能力。总之，新媒体时代的到来，对汉语国际教育更好地开展个性化教育，更好地推动汉语文化的传播，更好地扩大汉语的影响力有着极为重要的作用。如何科学系统地把握新媒体时代所具有的机遇具有极为重要的现实意义。

### 三、新媒体时代汉语国际教育面临的挑战

我们在看到新媒体时代对我国汉语国际教育开展带来一定机遇的同时，也应该看到汉语国际教育所面对的挑战，主要表现在以下几个方面：

（一）对汉语国际教育师资的挑战

在开展汉语国际教育的过程当中，师资水平的高低在一定层面上直接影响着汉语国际教育的开展水平。从目前看，我国高校通过专门的汉语国际教育师资力量的培养，已经输出了大批的人才。特别是满足了海外孔子学院对汉语国际教师的需求。但是，随着汉语国际教育开展水平的不断提升，汉语国际教育学习者对汉语学习也提出了更高的诉求。在

这一背景下，如何更好地依托新媒体平台，提高汉语国际教育师资力量的综合水平是当前新媒体时代汉语国际教育所面临的一个主要挑战。

（二）汉语国际教育环境的挑战

汉语国际教育环境主要是指汉语国际教育开展中的相关的氛围，它主要包括汉语国际教育开展的硬件环境以及软件环境。所谓的硬件环境，主要包括语音实验室在内的诸多教学设备和硬件。随着我国对汉语国际教育投入力度的不断加大，汉语国际教育在硬件方面也得到了进一步的提升。很多学习者能够借助相关的平台进行系统的汉语学习，达到了一定的效果。同时，围绕远程教育、在线测试、网络课堂等诸多的软件的设计与开发也取得了一系列的成果。所以，从这点看，在今后的新媒体时代，汉语国际教育开展过程当中还应该进一步的整合相关的资源，提升汉语国际教育的网络教育环境的服务力。

（三）对汉语国际教育理论研究提出了新的挑战

从语言教育的角度，无论是汉语国际教育的教学方法，还是汉语国际教育的相关理念以及评价标准方面，我国还处在一个初始的阶段，无法有效地满足汉语国际教育的科学开展。虽然我国在学术层面已经展开了专业的汉语国际研究组织并开展相应的学术研究活动，发表了相应的期刊和文章。但是，从具体看，围绕汉语国际教育相关的概念、评价的体系、教育的理念和模式等方面的研究并不是很完善。这就在一定层面上影响了汉语国际教育的开展。

所以，在今后的汉语国际教育开展的过程当中，还应该更好地促进汉语国际教育在学术理论层面的高效开展。总之，无论是在汉语国际教育的理论学术研究层面，还是汉语国际教育的环境方面以及汉语国际教育的师资力量方面，都面临着不小的挑战。如何从这些挑战入手，更好地促进汉语国际教育的科学发展是促进今后汉语国际教育科学发展的一个主要方向。

### 四、新媒体时代背景下汉语国际教育的发展策略

为了更好地促进新媒体时代背景下，汉语国际教育的科学发展在借鉴相关研究成果的基础上，尝试从以下几个方面提出几点建议。

（一）促进汉语国际教育的交流研究

为了更好地促进汉语国际教育效果的提升，我国应该牵线世界其他汉语教育研究组织，通过论坛以及平台沟通的方式，更好地促进汉语国际教育在理论、教学等方面的合作与沟通，更好地促进汉语国际教育的科学发展，尤其是推动相关课题的研究，有效地提供现实支持。

（二）强化对汉语国际教育师资力量的培养

为了更好地促进汉语国际教育的综合发展，在今后的发展过程当中需要促进汉语国际教育师资的培养。一方面，在师资专业的设置方面，应该进一步在专业性方面，进一步强化和提升教学方法。通过源头管理，更好地提高未来汉语国际师资力量的水平；另一方面，进一步强化汉语师资力量评价制度。通过完善准入制度，有效地提高汉语国际师资力量的专业化水平，有效地满足未来汉语国际教育的开展要求。

（三）切实营造良好的汉语国际教学环境

在今后的汉语国际教育开展的过程当中，应该充分依托新媒体环境，

有效提升汉语国际开展的环境，特别是要加大汉语国际教育教学设施的投入，有效提升教学软件环境和硬件环境，为广大汉语国际教育学习者提供更好的分享和支持平台，需要注意的是在今后的环境营造过程当中，应该有效地避免新媒体对汉语国际教育所带来的不良影响，将新媒体所具有的正向价值和作用有效地发挥。只有这样，才能够更好地助力新媒体时代汉语国际教育的科学发展。总之，在今后的汉语国际教育科学发展过程当中，新媒体扮演了一把双刃剑的角色，应该积极地发挥其优势作用，将其不良作用和影响降低到最低，才能够更好地促进汉语国际教育的科学发展。汉语国际教育是当前我国汉语教育体系研究的一个主要方向。在新媒体环境背景下，如何更好地提升汉语国际教育的效果是当前汉语国际教育研究的课题。

# 第十章　国际中文教育中的文化差异

　　了解中西文化差异，会使对外汉语教学的开展有更好的效果，应分析国家之间的差异，使汉语教学能够更加有效地进行。

## 第一节　语言交际中的中西文化差异

### 一、词义中的文化差异

　　词义作为人们在对客观对象的一种抽象概括，这其中包括概念和内涵两种内容：概念指的是在交流中人们所了解的基本含义，具有固定的特点；内涵指的是在基本含义上的意义，这种意义具有不确定的特点，由于这层含义和民族文化有着紧密的联系，所以需要结合文化差异进行分析。

### 二、语言规则中的文化差异

　　语言的差异和文化有着直接的关联，使用不同语言的人在交流中采取的讲话规则也存在差异。语言的规则经过长时间的积累和改变形成，在同一社会群体中能够达成一致性，人们的语言规则也具有相同的特点。这种现象和我们的习惯相似，在日常交流中难以注意到，但是当接触其他语言的时候，会发现使用自身国家语言规则来表达其他国家语言是不合理的。因此，在交流中会产生困难。语言规则是日常讲话中隐藏于语言中的一种事物，讲话过程中的规则在汉语国际教育中具有重要的作用，同时也具有难度。

（一）中国与西方的语言观

怎样认识语言本质？人们对语言使用和言语行为持积极还是消极态度，都会直接影响语言的使用。东、西方在语言使用方面存在的差异直接或间接地与他们的语言观相关。而中国与西方语言观之差异，在一定程度上是东、西方在宇宙观、认识论等方面差异的具体表现，并且语言观都是以自己的哲学和宗教为背景的。

语言研究被认为是现代的事情，因为只在近些年内语言研究才发展起来并日臻完善。然而，尽管古代人没有像现代人这样的言语行为理论，但是，人际间的交流活动、言语行为的本质、言语的功能以及它与社会、文化、思维的关系等历来都是哲学和宗教所关心的问题，不同区域的人们对言语的认识历来都与他们各自所持的宇宙观、认识论、知识论密切相关。现代哲学家、语言学家把言语当作社会行为。东、西方对语言的认识和所采取的态度的异同集中表现在东方的儒家、道家和西方的哲学和宗教方面。

（二）语言属于"有、存在"和"行为"范畴

无论是中国的儒家、道家，还是西方古代哲学和宗教都把言语看作一种"存在"或"有"和"行为"。在中国，以老子为代表的语言观是以他的"无为"的宇宙观和"无名"的认识论为基础的。老子的宇宙论

是"道生一，一生二，二生三，三生万物"。即宇宙间先有道，之后有天地或阴阳，然后生成万物。而且有"无名，三地之始""有名，万物之母"，这说明有指称功能的语言属于"有"的范畴，它可能存在于人类产生之前或同时，而且它是生成万物之母。宇宙中的万物属于"有"的范畴，它可能存在人类产生之前或同时，而且它是生成万物之母，宇宙中的万物是凭借语言之力创造的。语言正是通过其生成万物之力显示它的存在的重要性。

　　尽管中国和西方哲学家都把语言当作"有"和"存在"，而且他们都区别"有"和"无"。但在"为""有"和"无"之间，西方古代哲学家和宗教选择了"有"，他们偏爱"有"和"无"，对他们来讲，"有"和"为"高于"无为"。而中国古代哲学家在"有""为"和"无"之间，偏爱"无"。如果提及以孔子为代表的儒家，他可能主张"有"和"无"同时并存，认为二者相互依存，二者对立统一。孔子虽然重视"有"和"为"，重视作为"有"和"为"的语言，对语言持积极态度，但他这种态度是有条件的，他相信"人言者动也，己默者静也"，而且"人生为静，天之性也，感于物而动，性之欲也"。正如程颐所说"君子所贵者，慎之于身，言动之间皆有法则"。实际上，孔子推崇仁者好静的思想，他主张慎言、寡言、讷言、戒言。

# 第二节　非语言交际中的中西文化差异

## 一、面部表情的文化差异

面部表情是一种讲话过程中五官出现的动作，其中有眼神、嘴型等，这些部分构成了面部表情。在交流中，面部表情也具有文化差异特点。在西方国家，人们的表情比较丰富，我们国家的人的表情比较单一。由于西方国家的人们习惯利用面部表情沟通，表达自己的情绪，这点和文化有着直接的联系，长期的习惯使他们更乐于使用表情交流。比如，他们在表达惊讶情绪的时候，会将眼睛睁大，还会使嘴巴呈现出不同的形状。

## 二、肢体语言的文化差异

肢体动作也能作为一种语言，其中包括手势动作和身体动作，手势动作更加常见。由于文化的差异，手势在不同的国家也有着不同的含义。在我国的文化习惯中，将手掌水平放在脖子上指的是杀人的意思，而在西方国家中，这一动作表示自己吃饱了。而在其他的国家中这种手势又有着其他的含义。手势和身体动作在文化差异中也有着不同的意思，在使用前需要了解动作的含义，避免使用错误，造成一些误会。在马来西亚等国家，双手的作用不同，左手和右手的活动也不同。

### 三、隐私观念存在差异

一般情况下，隐私观念主要是由文化差异引发的，由于中西方文化以及历史发展历程存在一定区别，这也使得中西方居民对于隐私观念有着不同的看法，这也是导致中西方居民交流障碍的最主要因素之一。隐私属于一个广泛概念，上到一个民族的国家信息安全，下到个人思想以及理念等。在我国，个人隐私观念从某一层面分析，较为薄弱，人们对于"私"的东西追求不太高，更加看重集体主义，重点强调大公无私，即个人利益必须服从集体以及国家利益，主张互帮互助、团结友爱以及相互鼓励等美好特征。而在西方各个国家，主体意识更加强烈，对于隐私十分敏感与关注，人们对于个人空间十分注重，不想别人过多干涉自身隐私。由此可见，中西方在隐私观念层面有着截然不同的态度，文化差异较为明显，呈现出不同文化特征。例如，我国老一辈人出于关心，第一次见面会打听对方婚姻状态、年龄以及职业等，对方也会如实正面回答，而对于西方国家居民，若是随意问及婚姻、年龄以及收入等，大部分都会感到隐私受到侵犯。因此，中西方跨文化交际以及沟通时，若是对其没有了解关注，可能会产生负面影响，导致交际失败。

### 四、饮食文化存在差异

受到气候、所处的地理位置、社会快速发展等方面的影响，中西方在饮食文化方面也存在一定差异。在中国，人们比较重视交流，在酒席当中人们往往会为客人敬酒，无论饭菜准备多么丰盛，都会习惯性说几句"家常便饭、招待不周、请谅解"等。有时主人会劝对方多吃多喝，保证对方可以吃好、吃饱，并且中国无论何种宴席，大家都会围坐在一起，营造一种礼貌团结的环境气氛，这也是中国人之间独特的待客之道，是"以和为贵"思想理念的重要展现。而在西方，人们饮食习惯各不相同，不会出现强人所难或者夹菜的行为，对于中国式的待客模式会有一定程度的不解与困惑，其聚会形式也以自助餐为主，大家自行走动，选择喜爱的食物。在饮品方面，西方人更加喜爱喝咖啡，而中国人几千年来一直流行茶文化，更加喜爱喝茶。可见，中西方饮食文化有着极大的区别。

## 五、语言文化存在差异

不同国家由于历史发展情况不同使得各个国家都拥有专属语言，此类特殊文化背景下形成的交流模式反映着当地人们的社会习俗、思维模式以及价值理念。这也使得中西方语言文化差异是影响跨文化交流沟通的最主要因素。一是表现在语音模式层面，中国语言语调较为丰富，包括陈述、疑问、感叹、反问等，不同音调读起来有一定规则，会给人们带来抑扬顿挫的感受。而西方语言则重点强调闭音节、开音节，并且有多音节以及单音节之分，这也就造成中西方在语言方面有着十分明显的差异。二是语言文字不同，中国文字源自象形文字，后期所延续的文字也具备与形状相类似的特征，而西方文字则并不是立体性形式结构，只是将流线型符号转变成文字以及字母，并没有象形特征。同时，中国语言文字经过简单的组合可以创造出一种延续性意境，此类意境是中国语言具备的特色，而此类文字在翻译成西方语言之后很难做到拥有意境。

## 六、思维模式存在差异

一般情况下，一个人伴随着年龄的不断增加，受到本民族文化以及社会大环境的渲染，其思维模式会逐步成形并一直处于稳定状态。思维模式一旦正式成形，人们就会在不同场景当中做出各种习惯性行为。中西方由于文化以及社会环境不同，形成差异化、各具特色的思维模式。其中，中国人思维模式主要为模糊，对于各类事物的认识很少有十分严格的界定或者定义而明确指出内涵，中国更加重视悟性直觉。而西方文化思维强调精准性，会严格推理、定义以及论证某一事物，更加关注理性逻辑思维，这也是中西方思维差异所在。同时，中西方思维模式还有一个差异，即中国传统思维更加关注有机性以及辩证性，而西方传统思维则关注机械性、具体性，中国人对于问题思考比较全面、整体，考虑内容更多，而西方喜欢将各类事物分解，展开定性、定量分析与研究。例如，中国古人将宇宙之间各类现象逐步归纳到五行八卦等当中，而西方则选择假设演绎方法，将宇宙之间不同现象划分成为不同学科。

# 第三节　处理中西文化差异的方法

## 一、基于文化差异的跨文化交际能力提升策略

### (一) 培养跨文化交际意识

意识主要就是指人们对目标文化的理解以及是否愿意继续深入交际

的心理状态，决定着后期的交际效果。要想提升跨文化交际能力，就必须要从意识出发：一是需要增强跨文化敏感能力以及文化差异认识。文化敏感是接受以及理解不同文化的动机，其高低对于跨文化能力有着一定影响，而跨文化能力对于跨文化交际有效性又会产生影响。对于大众讲，影响跨文化意识的主要原因为交际信心以及文化认同感。因此，在学习时期，可以积极采取对比的模式，认识与了解中西方文化的不同，激活对两者的兴趣，在头脑当中产生文化差异认识，进而努力克服文化交流障碍；二是树立一个良好的全球思维，不断增强全球思维以及世界意识，这是人们做好地球公民的必要条件。近年来，全球经济发展速度不断加快，已经全面打破空间、时间、人类社会以及文化假设等各种局限，要求人们拥有全新的组织模式以及思维模式。这也使得全球思维具备的价值持续提升，在拓展交际者能力、避免出现民族中心论层面越来越重要，需要我们在传统民族语言能力以及思维模式基础上，努力接受全球思维，形成更平等、更开放以及欢迎改革、勇于学习的心态。

在跨文化交际时，由于文化差异问题出现沟通障碍以及冲突是在所难免的，交际实质目的就是双方相互适应，探索折中点。

因此，对于各种不同文化，我们必须要明确了解文化差异，容忍各类不同意见的出现。在交际过程中改变思维定式，消除单一思维并遵循平等对待、相互尊重的原则展开交流，善于从对方角度出发，将自己置身在对方所处的环境当中，为有好的交际成果奠定良好的基础。

（二）不断提升个人素质

跨文化交际能力的提升并不是一朝一夕就能完成的，要想真正实现提升目的，一是必须要不断强化语言以及文化实践锻炼力度，通过实践来获取良好的跨文化交际能力，即需要尽可能参与到社会各项实践活动当中，与外资企业以及西方国家居民接触，这也是最有效、最直接的增强跨文化交际能力水平的手段，或者可以参与以锻炼口语交流水平为主要目的的演讲比赛、夏令营等，在浓厚的语言文化氛围带动以及感染下，轻松、高效提升跨文化交际水平，捕捉各种文化信息；二是改进学习模式，从某些层面分析，跨文化交际水平以及能力培养属于一种素质教育，是全方位激活潜能的教育。要想真正增强教育水平，就必须要掌握正确的学习模式，改变学习模式，我们必须要拥有良好自觉与主动的思维意识，主动参与到系统化知识学习当中，构建一个系统化知识框架。例如，在语言语境学习过程中，学习者可以系统地观看或者聆听不同背景录像、人物录音，也可以有选择性、针对性地观看西方纪录片、影片等，熟悉与了解其语言文化、语言特征，甚至学习一些俗语，明确不同语言的应用场景、使用方法以及表达的含义，进而逐步克服交流障碍问题。此外，为了避免出现冲突问题，还需要深入掌握不同文化行为规范，在人们交流以及沟通过程中，可能会无意中应用自己民族语言规范以及交际模式，有可能引发文化或者观念的冲突问题。因此，在一定程度上明确掌握文化行为规范以及注意事项，不断增强自身素质，端正文化意识，及时采取规避或者补救策略，树立一个正确、规范化的交际意识，才可能确保跨文化交际有序、顺利、高质量落实。

（三）增强知识能力水平，创建一个跨文化知识框架

由于跨文化交际行为涉及的文化以及知识相对较多，若是文化背景

知识比较欠缺，将会对英语学习水平提升产生极大阻碍。因此，在跨文化交际能力提升过程中，必须要将知识框架构建当作重点，在知识层面需要精准掌握语言应用有关文化知识、语言材料知识等，对比中西方文化。一是不断提升中国文化占据比重，将传统优秀民族文化当作最主要基石，精准掌握中国文化具体发展脉络以及历史渊源。

我国有着五千年发展历史，文化博大精深、源远流长、成就巨大，不仅表现在汉字、文学、建筑、民俗、艺术以及宗教等方面，还表现在科技成就、学术思维、对外交流文化等各个层面，必须要深入认识与了解中华民族传统文化，在精准确认与掌握自文化机制基础上与其他文化进行融合与交流；二是将西方经典文化当作重点，重点将西方古罗马体制、希腊哲学以及宗教文化等经典文化当作基石进行掌握，明确西方文化形成的历史因素以及特征，在深入掌握语言以及文字的基础上，感知西方社会文化，明确西方国家地理、历史、政治、经济以及社会环境等。不断增强文化差异的敏感性以及处理灵活多元性；三是积极展开对比，加深对文化差异的理解以及掌握。中西方文化核心价值理念有着十分显著的区别，通过对比中西方文化，明确文化差异以及文化差异冲击，有效地、全方位地了解中西方文化整体发展面貌、关键区别以及特征，以此不断增强语言适应能力，尽可能避免因为个人价值理念或者语言差异而引发冲突。

## 二、课程教学策略

### （一）差异对比法

在实际的教学中通过对比的方式进行教学，能使教学的效果更好。

结合情景模拟进行汉语教学，在教学中确定一个话题，让学生针对话题进行发挥。通过情景表演的方式表现这个话题，由于学生的文化差异会出现一些问题，教师不应过早地提出问题。在学生表演完成后，教师只对问题列举出一些正确的句式，让学生将这些内容再进行模拟表演，使学生了解自己的错误。在教师的引导下，通过对比对表演进行分析，学生更容易发现自己的问题，和教师共同分析差异。

（二）体验方法

语言作为交流的工具，在生活中进行应用，鼓励学生将生活和语言相联系，和使用其他语言的人交流，在交流过程中了解文化差异。在进行交流时，学生先通过自问自答的方式练习，找到疑难点，例如，在两个句式"管理员刚才登记了留校学生的名单"和"管理员刚刚登记了留校学生的名单"中，学生难以分辨其中的区别。在体验中，教师给学生交流的练习时间，使学生自己发现其中的差异，并且更好地掌握语言的技巧。通过这种方式使学生在交流中逐渐形成汉语习惯，更好地进行汉语应用，并且在交流中灵活掌握使用方法，这对国际汉语教育有着重要的作用，也使交流变得更加自然。

# 第十一章 汉语的核心地位

## 第一节 维护汉语的核心地位

普通话是规范化了的汉民族共同语，是汉语的标准语。《中华人民共和国宪法》规定："国家推广全国通用的普通话。"同时也指出本国的通用语（标准语）"不但是发展本国的经济、文化，维护和加强国家统一的需要，也是外国人学习这种语言的需要"。20世纪50年代以来，对外国人的汉语教学一直是以普通话为教学内容。近些年来，世界范围内学汉语的人数不断增长，层次不断提高，对汉语教学的需求也呈现多元化的趋势。与此同时，对教学内容及相关问题的研究也开始受到人们的重视。

事实上，近年来，学术界和海内外一直有学者呼吁要深化、扩大汉语教学的范围，要给汉语方言教学以一定的地位。海内外的汉语学习者也表示，学了普通话后，到方言区还是不能跟中国人进行有效的交际。

### 一、汉语多样性下的国际教学

#### （一）不宜过分强调规范

澳大利亚汉语教授徐家祯认为，现在教外国人，过分强调汉语的规范。因此，学生学了相当长时间的汉语，两年或者三年，到中国来还是会遇到许多困难。比如说，他走到湖南、四川这些省份，听不懂当地人所讲的话。他走到市场上，看见许多字不认识。据此他建议"汉语教学的内容应该扩大些、丰富些"，并表示"这不只是他一个人的意见，在国外教汉语的同行很多人跟他有大致相同的意见"。

（二）应该增加汉语方言知识

这类观点认为，教授外国学生学汉语，尤其是汉语入门，当然要学习尽可能标准的普通话。但在高年级的汉语教学中，应该讲一点汉语的统一性和分歧性，讲一点汉语方言的知识，提高学生在广大的汉语交际社会中的适应能力。"有必要在对外汉语教学中安排一定量的汉语方言内容"，包括方言的语言本身（如常用的方言词语）和有关汉语方言的基本知识。

（三）不能对普通话做狭义的理解

有关学者认为，把对外汉语教学理解为教外国人学普通话当然"不能说是错的"，但"不够全面，不够深刻"。因为普通话从来就不是孤立的语言系统，它和汉语方言有着千丝万缕的联系；作为一种语言系统，普通话承载着丰富的中国文学、习俗、文化等方面的信息。因此，要想真正理解它，离不开对文学、习俗、文化的理解与认识。目前，人们还普遍地对对外汉语教学采取狭义的理解，即"纯粹作为语言技能的汉语标准语即普通话的教学"，而狭义的对外汉语教学"几乎是不存在的"。这种状况如果不改变，将不利于对外汉语教学整个学科的发展。

## （四）对外国人的普通话教学要求不必太高

这种观点认为，普通话只存在于各种媒体，十几亿中国人中能讲标准普通话的人只占极少数，人们普遍使用的是带有方言色彩的宽式普通话，许多汉语老师的普通话也并不标准。因此，不必对外国人的普通话要求过高。

上述观点在海内外都有一定的代表性，很多观点也确实反映了一定的客观事实，专家学者提出了一些值得思考的问题，这是值得重视的。然而，这些意见和建议是否都合理可行，还有必要进一步加以讨论，尤其是在海内外汉语教学大发展的今天，讨论普通话在国际汉语教学中的地位及其相关问题就显得尤为重要和迫切。"国际汉语教学"的提法至少在1985年召开的第一届国际汉语教学讨论会上就已经使用了，以后历届国际汉语教学讨论会及其编撰的论文都延续了这一说法。吕叔湘在第二届国际汉语教学讨论会的发言中也使用了这一说法。近年来，人们发现"对外汉语教学"不适合称国外的汉语教学。于是开始较多地使用国际汉语教学的说法，并赋予其新的含义。比如，王路江指出："国际汉语教学指的是在中国本土进行的对外汉语教学以及国外所有的汉语作为第二语言的教学。"这个定义还可以进一步概括为：国际汉语教学指的是海内外把汉语作为外语或第二语言的教学。但这样界定也仍然有它的局限性。比如，它不包括对国内少数民族进行的汉语教学，因为这种教学虽然也属于第二语言教学，但汉语对于少数民族学习者说，不是外语，因此不宜用"国际汉语教学"。又比如，在国外某个国家的汉语教学也不宜称"国际汉语教学"。

　　然而"国际汉语教学"这个概念在特定的学术层面和特定的工作层面上，还是可以使用的，尤其是站在"中国的话语立场上"。毫无疑问，在使用这个概念的同时，以往人们熟悉的一些说法仍可继续使用。比如，在中国国内对外国人的汉语教学仍可称"对外汉语教学"；在国外对外国人（非华裔）进行的汉语教学仍然称为"中文（汉语）教学"或"普通话教学"；在国外对华裔进行的汉语教学仍可以称为"华语（华文、中文）教学"；国内对少数民族进行的汉语教学，可继续称为"少数民族汉语教学""汉语教学"。概念的增加也许正能说明学术的进步和语言学事业的发展。

　　国际汉语教学的性质在其定义中已经明确，即它是一种第二语言教学或外语教学。这样一种性质的教学其基本的教学目标是培养学习者运用目的语进行交际的能力。这是所有常规的第二语言教学的基本目标。通俗地说，就是把语言作为工具来教、作为工具来学、作为工具来用。

　　明确这样一种教学目标，接下来就是教什么的问题，也就是教什么样的目的语。既然第二语言教学以培养学习者目的语的口语和书面语的交际能力为基本目的，那么通常都是选择目的语国家的通用语或称标准语来教，这是常规的第二语言教学普遍性的基本任务。因为通用语不但有明确的标准，而且适用面广、通行范围大、使用频率高，是目的语国家通用的、主流的、法定的交际语言。一般方言在目的语国家则不具有这样的优势地位。

　　然而问题并不那么简单。通用语或标准语往往是以一种或几种地域方言为基础形成和规范的，它跟相关的方言之间有着密不可分的联系，从而导致标准语与其基础方言之间界限不清，而跟另外一些非基础方言之间又可能存在较大的差异。这种状况给第二语言教学带来的麻烦是标准语模糊不清，而学了标准语，在另一些方言区又常常难以进行有效的交际。在这种情况下，提出"增加方言教学"之类的意见，以及抱怨"学了标准语在方言区并不能进行很好的交际"，也就不足为怪了。

1. 所谓过分强调汉语规范的问题是不存在的

就语音教学说不仅谈不上"过分"，还可能由于认识上和教学方法上的问题，导致"对外汉语语音教学的效果不够理想"原因之一就是对学习者要求不高。汉语学习者的洋腔洋调问题始终是一个没有解决好的问题。至于说，一个外国人学了几年汉语，到了湖南、四川听不懂那里方言，并不足为奇，中国北方人也不一定听得懂湖南话、四川话，反之亦然。外国人想跟这些地方的人交流或到这些地方旅游、经商，如有必要，应该专门学习那里的方言。就词汇和语法现象来说，也没有"过分"强调规范的问题。相反，不规范的现象、方言成分并不罕见，特别是中高级汉语教材中。外国人学了普通话到汉语方言区交际有困难，这肯定是事实，但这不是"过分强调汉语的规范"造成的，只能说明普通话跟这些方言差别较大。

2. 关于增加方言知识的问题比较复杂，不宜一概而论

但是我们总的意见是要慎重。因为第二语言教学的基本目标是教授和掌握通用的、标准的目的语。就汉语说，有些情况下适当增加一些方言知识可能还是必要的。比如，在上海、广州等地学习汉语的外国留学生，为了便于生活和学习、便于适应当地的语言环境，以适当的方式讲点当地的方言知识，学一些常用的方言俚语是合乎常情的。再比如，对

于学习汉语言专业的本科留学生通过讲座或选修课适当地给他们介绍一下普通话与方言之间的关系，让他们了解一下"汉语的统一性和分歧性"，以便加深他们对汉语的全面把握和理解，提高他们在汉语社会的实际交际能力，也应该是必要的。但即使在这样一些情况下，方言知识的介绍和方言教学也要掌握一个度的问题，绝不能喧宾夺主，因为这毕竟是具体的、次要的，乃至于临时性的目标，而教标准语普通话才是基本的、主要的、永久的目标。

3. 不可片面理解普通话的重要性

认为把对外汉语教学理解为教外国人学普通话是对学科性质还"缺乏全面、深入的认识"，而深化对外汉语教学应"引入汉语方言内容"，这是"合乎对外汉语教学事业发展趋势的"。这种看法可能是不恰当的，也是行不通的。我们认为，恰恰是基于对学科性质的全面认识和深刻认识，才更应该明确提出对外国人的汉语教学要教汉语标准语——普通话。因为，教一种语言的标准语正是第二语言或外语教学常规的、基本的选择。如果需要"引入汉语方言内容"，那也仅仅是为了某种特殊目的，"方言课"也并不因此而属于汉语作为第二语言教学的学科内容，就像中文系开设历史课，但历史课不属于中文系的专业课程一样。至于说"普通话和汉语方言有着千丝万缕的联系""载荷着丰富的中国文学、习俗、文化等方面的信息"，这当然没有错，但这并不能成为引入方言教学的充分理由。此外，把"对外汉语教学"分为狭义和广义的，前者指"纯粹作为语言技能的汉语标准语，即普通话的教学，它的最终目标是使学习者的汉语标准语水平达到相当于汉语水平考试（HSK）9级的程度"，后者指"对学习者进行以培养其汉语标准的能力为主的包含文学、文化等方面内容较为系统的教学体系，类似于给母语非汉语的学生开设的中国语言文学系的预科"（丁启阵 2003）。这种分法及其具体说明令人耳目一新，但恐怕缺乏理论和事实依据，不容易让人接受。

4. 规范要求普通话等级

主张"对外国人的普通话教学要求不必太高"的理据还不是很过硬，至少不是一种积极的主张。显然我们不能因为许多国人的普通话讲得不够好，就降低对外国人的普通话教学标准。古人云：取法于上，仅得其中；取法于中，故为其下。没有高标准的要求，哪里来理想的效果。另外，对外汉语教学要教的是普通话，不是北京话，也不是所谓的"京腔"，普通话不等于北京话，尽管二者关系较为近似。

## 二、普通话在国际汉语教学中的核心地位

在国际汉语教学中，应坚定地坚持普通话教学的核心地位。这既是学科性质及其基本教学目标所决定的，同时也符合中国的法律法规，符合中国的语言现实和语言规范发展的方向，符合汉语学习者长远的、根本的利益。普通话在国际汉语教学中应占据核心地位，这是由国际汉语教学的性质及教学目的所决定的，对此上文已有论述。这里想补充说明的是，为什么是"核心"地位而不是"唯一"地位。首先，普通话除了语音标准是相对明确和具体的以外，其词汇基础和语法规范相对说还是比较笼统的，一些语言现象是否是普通话还不十分明确。其次，中高级汉语教学不可避免地要涉及汉语方言。再次，为了某种特殊目的，也可

以自主地教些相关的方言和方言知识。最后，国际汉语传播的特定时期、特定地区事实上不可避免地要采用"大华语"的概念，如此等等。但是，从学科性质及其基本教学目标上讲，普通话教学应当是国际汉语教学的首选标准和核心内容，这一点是不可动摇的。如果学习者的目标就是学习某种方言（如广东话）那就另当别论了，这属于特殊目的的汉语教学，而不是常规意义上的汉语教学。

现行的法律法规明确规定了普通话在国家语言生活中的核心地位。这就是说，对外汉语教学应当教普通话，不教方言；应当教规范汉字，不教非规范的汉字；应当用普通话教普通话，不用方言教普通话。这表明中国政府明确规定了对外国人的汉语教学应以普通话为教学内容，从事对外汉语教学的教师应当具有相应的普通话水平，这是在法律上赋予普通话在对外汉语教学中核心地位的具体表现。以普通话为国际汉语教学的基本内容，以培养和提高汉语学习者的普通话交际能力为基本目标，符合中国的语言现实和语言规范发展的方向，符合学习者的根本需求。几十年来，中国政府为推广和普及普通话做出了不懈的努力，取得了明显的效果。近年来，中央政府又与各地政府联合加大了推广普通话的工作力度。可以说，推广普通话、维护和加强语言文字规范化是中国政府的既定方针和目标。目前，在中国能讲标准普通话的人的确是少数，然而，能讲不是很标准的普通话的人，能讲带有方音、方言味道的普通话的人则是越来越多，用普通话进行交际的范围和场合越来越广，普通话已经成为汉语不同方言之间人们交际、汉族与少数民族之间人们交际的首选语言和主要工具。可以说"学会普通话，走遍中国都不怕"。可见，学习和掌握普通话不仅是常规的国际汉语教学的基本目标，也符合把汉语作为外语和第二语言来学习的广大汉语学习者的根本利益。

# 第二节　普通话成为国际汉语教学的基本策略

由于普通话是中国国家的通用语、汉语标准语，其应用范围广、交际效率高，具有其他地域方言和社会方言无可比拟的学习价值。因此，普通话理所当然应该成为汉语作为外语或第二语言教学的目的语。不仅如此，无论是着眼于历史、现在还是未来，着眼于国内还是国外，我们都应该明确教授普通话，应该成为国际汉语教学的一项基本策略。这项基本策略的内涵具体包括以下几个方面。

## 一、以普通话为首选目的语、第一目的语

应该以普通话的语音、词汇、语法以及这些语言要素的组合规律、表达规律（包括与语言理解和交际密切相关的文化因素）为基本教学内容，以培养和提高学习者的普通话口语和书面语交际能力为基本目标。汉语的其他地域方言或社会方言，即使有需要，也应该是次选目的语、第二目的语。

## 二、应该坚持用高标准的普通话教学

教师应努力达到规定的普通话标准，这也应该是坚定不移的目标。我们希望教师用合格的普通话教学。可以说，用普通话教普通话是国际汉语教学的一项基本原则；用标准的普通话教标准的普通话是国际汉语教学的一项理想化的原则。前者应该做得到，后者应该努力做到。各类

汉语教学大纲、汉语水平等级大纲的制定、测试、教材编写、课堂教学等，都应以普通话为基准，尽量排除方言和不规范的语言现象。在坚持普通话是国际汉语教学的首选目的语、第一目的语的前提下，根据需要，特别是对来华的中高级水平的汉语学习者，应适当训练他们听一些带方音的、比较标准或不太标准的地方普通话，以便更好地适应他们当前学习、生活和未来利用汉语交际的需要。但仅仅是希望他们听懂某些不规范、不标准的普通话，而不提倡他们去学说不规范、不标准的普通话。同时，还应该明确地认识这不是一项长久之计，而是考虑到现实所采取的一种变通的办法。

与普通话教学相关的，还应明确在国际汉语教学中要教授《汉语拼音方案》和规范汉字（简体字）。《汉语拼音方案》已为国际社会所接受，是国际化的标准，在国际汉语教学中应充分发挥它的功用。简体字是中国国家法定的规范汉字，教授简体字同样应该成为国际汉语教学的一项基本策略。

综上所述，普通话教学在国际汉语教学中应占有核心地位，教授普通话和规范汉字应成为国际汉语教学的基本原则和基本策略，应该"一百年不动摇"。在这样的前提下，如果确有必要，可以用适当的方式介绍一些有关的方言知识，但不能喧宾夺主，否则将有悖于常规的汉语作为第二语言教学的基本要求。像对待繁体字也一样，为了某种特殊需要可以用适当的方式加以介绍。

我们必须从国家战略角度营造热爱汉语、尊重汉语的氛围。孔子学院在世界各地开花结果，汉语在世界各地的影响逐渐加大，汉语国际传播工作成效也很显著。虽然从国家战略的角度汉语已经走出去，形成外国人的汉语热，我们自己更要真正地重视起来。

　　我们一定要坚持汉语使用规范，严禁媒体、广告、教育、标识等出现不规范使用汉语的情况，维护汉语的纯洁程度。《中华人民共和国国家通用语言文字法》规定："凡以普通话为工作语言的岗位，其工作人员应当具备说普通话的能力，应达到国家规定的等级标准。"从教育制度角度而言，不妨健全汉语课程体系，在某些选拔制度中增加中文的地位和比重。我们要从国家安全战略的角度重视母语，树立学好母语、精通中国文化光荣的观念。目前，高考中语文科目的分数提高已经迈出了重要一步。目前，通过考试这个指挥棒的调节，有助于提高中华民族对汉语的重视。教育部、国家语委联合主办了"全国学生规范汉字书写大赛"，在我国范围内引起较大反响，同时也说明汉字书写已经成为全民族关注的话题，具有重要的导向性作用。

　　从教育的角度看，我们应该限制学习外语的年龄和时间，以免形成误导。相对于幼儿的其他教学内容，英语是否应该占如此大的比重，值得教育部门慎重考虑。在日本，小学阶段都不学英语，但并不妨碍日本成为经济强国。我国台湾省在 2004 年已经规定，幼儿园不能进行双语、全英语教学，甚至不能将英语列为教学科目，以免影响幼儿未来的人格发展。一个人的成长，不能以英语成就来侵占其他内容的学习时间成本，这一点必须从国家长远发展的战略高度来审视。实验证明，过早学习外语的孩子其外语水平不见得比晚学的孩子强，而且过早通过记单词、背语法的方式学习外语，很可能会破坏孩子学习外语的兴趣，进而形成厌学情绪，造成逆反心理，这都是事倍功半、得不偿失的做法。同时，还应该在学校中形成注重中国语言、文化的氛围，这项工作应该从娃娃抓起。"蒙学"讲究开口诵读，虽然当时不一定能够理解，但已经记在头脑中的东西遇到合适的情境自然会脱口而出，相当于把中国语言文化之根扎在每个孩童的心中，有利于汉语文化传承。

我们要加强汉语的信息处理技术研究，使汉语在信息处理和传播方面占有应有的比例。由于当今网络技术多数是以英语开发的，因而英语在网络传播领域具有不可比拟的天然优势，要"使负载中华文明的古今汉字、古今民族文字和各种有用的符号进入国际标准化的空间，以保证中国文化以其本来面貌保存、开发及在国际互联网上的无障碍交流"。如果说汉语信息处理技术还是少数人的事，那么今天"一个键盘废了一手好字"恐怕是普遍的现象。通过拼音输入法，只要会读、会拼音就能打出汉字，久而久之很容易忘记一些汉字的书写方式。而且很多人都是用拼音输入法打字的，这些都对汉字规范和使用造成一定的负面影响。大赛的主题为"书写经典，传承文明"，这个主题对当下汉语和中国文化传承具有积极的影响。如果中国人大都提笔忘字，只能靠汉语输入软件来"写"汉字，那么汉语的地位和前途不能不令人担忧。

从文化交流的角度而言，我们不妨学习法国，对在中国举行的国际会议和国际交流活动提出一定要求，形成规范，如必须有汉语翻译或必须提供中文摘要等。很多在中国举行的国际会议都以英语为尊，虽然参会的中国学者、学生占绝大多数，但并不提供汉语翻译。而且参会的人真正能够听懂发言内容并能用英语交流的并不多。这就导致交流更多的是纸面上的，发言的人只是照事先翻译好的内容读一下，听者也不能充分理解，二者因为语言的障碍而丧失了绝好的深入交流学习的机会。如果在科学和教育领域，汉语是弱势的甚至缺席的，那么汉语及华夏文明的前景又将如何呢？如果中国最好的科学家在阐述自己的观点时，连汉语都用不好，或者只能向英语好的人阐述自己的观点，未尝不是学术的损失。

如果世界顶级科学教育刊物不见中文的踪影，那么汉语如何在世界语言的竞争中立足呢？如果汉语只作为中国人的日常语言退回到家庭中，那么汉语的消亡也许不是杞人忧天了。我们的经典翻译、传承已经取得了一定成效，要阐述文化的精髓和微妙之处，还是要借助母语才能到位。文化交流意味着双方共享某类文化因子，如果一方放弃了自己的文化身份和文化内涵，无疑会影响双方的互动。在文化交流过程中，我们一方面要能够熟练地用外语阐述自己的文化，同时也要"知己"，精通中国语言、文化才能更好地架起中外文化交流的桥梁。

# 参考文献

[1]　闻亭,刘晓海.国际中文智慧教育视域下的教学设计[J].语言教学与研究,2023(04):24-33.

[2]　吴应辉.新时代新征程国际中文教育新使命新行动思考[J].四川师范大学学报(社会科学版),2023,50(04):124-130.

[3]　马箭飞.国际中文教育:有力促进中外人文交流、文化交融、民心相通[J].中国新闻发布(实务版),2023(06):30-33.

[4]　谢娜.孔子学院在国际中文教育中的公共价值及其实现[J].国际中文教育(中英文),2023,8(02):98-105.

[5]　罗世琴.新时期国际中文教育本土教师培育及长效机制建构[J].民族教育研究,2023,34(02):164-169.

[6]　李宝贵,魏禹擎,李慧.国际中文教育"三大体系"构建:内涵意蕴、现实境遇与实践逻辑[J].华文教学与研究,2023(02):51-59.

[7]　余江英,陈涵静,朱梦洁.国际中文教育高质量发展的需求导向与服务转向[J].华文教学与研究,2023(02):60-67.

[8]　张妍杰.国际中文教育硕士课程体系研究文献综述[J].中国教育技术装备,2022(21):14-17.

[9]　魏龙欣.线上国际中文教育发展现状及其对策研究:以日本、韩国孔子学院为例[J].佳木斯大学社会科学学报,2023,41(02):

148-150.

[10]　魏晖,吴晓文.国际中文教育集成创新:内涵、价值和路径[J].世界汉语教学,2023,37(02):147-156.